用于国家职业技能鉴定

YONGYU GUOJIA ZHIYE JINENG JIANDING

国家职业资格培训教程

GUOJIA ZHIYE ZIGE PEIXUN JIAOCHENG

餐厅服务员

（中级）

第2版

编审委员会

主　任　刘　康
副主任　张亚男
委　员　沈苏林　杨志霞　陈建华　马　进
　　　　徐桥猛　陈　蕾　张　伟

编审人员

主　编　徐桥猛　高品洁
编　者　陈春英　高品洁　吴小明　戴梅萍
主　审　沈苏林

中国劳动社会保障出版社

图书在版编目(CIP)数据

餐厅服务员：中级/中国就业培训技术指导中心组织编写. —2版. —北京：中国劳动社会保障出版社，2010

国家职业资格培训教程

ISBN 978-7-5045-8535-6

Ⅰ.①餐… Ⅱ.①中… Ⅲ.①饮食业-商业服务-技术培训-教材 Ⅳ.①F719.3

中国版本图书馆CIP数据核字(2010)第161214号

中国劳动社会保障出版社出版发行

（北京市惠新东街1号 邮政编码：100029）

出版人：张梦欣

*

中国标准出版社秦皇岛印刷厂印刷装订 新华书店经销

787毫米×1092毫米 16开本 8印张 138千字

2010年9月第2版 2023年1月第25次印刷

定价：18.00元

营销中心电话：400-606-6496

出版社网址：http://www.class.com.cn

前　言

为推动餐厅服务员职业培训和职业技能鉴定工作的开展，在餐厅服务员从业人员中推行国家职业资格证书制度，中国就业培训技术指导中心在完成《国家职业技能标准·餐厅服务员》（以下简称《标准》）制定工作的基础上，组织参加《标准》编写和审定的专家及其他有关专家，编写了餐厅服务员国家职业资格培训系列教程（第2版）。

餐厅服务员国家职业资格培训系列教程（第2版）紧贴《标准》要求，内容上体现“以职业活动为导向、以职业能力为核心”的指导思想，突出职业资格培训特色；结构上针对餐厅服务员职业活动领域，按照职业功能模块分级别编写。

餐厅服务员国家职业资格培训系列教程（第2版）共包括《餐厅服务员（基础知识）》《餐厅服务员（初级）》《餐厅服务员（中级）》《餐厅服务员（高级）》《餐厅服务员（技师 高级技师）》5本。《餐厅服务员（基础知识）》内容涵盖《标准》的“基本要求”，是各级别餐厅服务员均需掌握的基础知识；其他各级别教程的章对应于《标准》的“职业功能”，节对应于《标准》的“工作内容”，节中阐述的内容对应于《标准》的“技能要求”和“相关知识”。

本书是餐厅服务员国家职业资格培训系列教程中的一本，适用于对中级餐厅服务员的职业资格培训，是国家职业技能鉴定推荐辅导用书，也是中级餐厅服务员职业技能鉴定国家题库命题的直接依据。

本书第1章由徐溢艳编写，第2章由王丽、高品洁编写，第3章由徐桥猛、陈春英编写，第4章由王丽编写，戴梅萍负责插图绘制，吴小明负责插图摄影，徐桥猛负责统稿。

本书在编写过程中得到中国烹饪协会、江苏省职业技能鉴定中心、无锡商业职业技术学院、无锡市烹饪餐饮行业协会、南京金陵饭店集团、君来酒店集团等单位的大力支持与协助，在此一并表示衷心的感谢。

中国就业培训技术指导中心

目　录

CONTENTS　国家职业资格培训教程

第1章

餐前准备

第1节　摆　　台

学习单元1　西餐便餐摆台

学习目标

- 了解西餐餐用具的种类及使用方法
- 掌握西餐便餐摆台的操作方法及要领
- 能够掌握规范、娴熟的操作技能

知识要求

西餐摆台是餐厅服务员必须掌握的一项基本技能。只有了解和掌握西餐摆台的相关知识和操作技能，才能为宾客提供优质的餐前服务。

一、西餐摆台知识

1. 西餐台型

西餐餐厅形式多样，选用西餐餐台时，应根据用餐形式不同、规格不同、人数不同，选用大小、形状不同的餐台。西餐餐台有长方形餐台、正方形餐台、一字形餐台、U字形餐台、马蹄形餐台、T字形餐台、E字形餐台、梳子形餐台等，如图1—1所示。如1～2位客人一般选用方形餐台，3～8位客人则可根据客人的具体数量选择大小适宜的长方形餐台，9～10位客人一般可选用一字形餐台，11人以上可根据客人的就餐规格、形式要求及具体人数选择适宜的不同形状的餐台。

图1—1　各种西式餐台

a）长方形餐台　b）正方形餐台

2. 西餐台布的种类与规格

（1）台布的种类

按台布的质地分，有纯棉台布、化纤台布、塑料台布、绒质台布等，其中纯棉台布吸水性能较好，是大多数餐厅经常使用的。按台布花型图案分，有团花、提花、散花、工艺绣花等，其中提花图案的台布使用较多。按台布的颜色分，有白色、黄色、红色、绿色、粉色等，其中多数餐厅为了整洁卫生，常使用白色台布。按台布的形状分，有正方形台布和长方形台布。

（2）台布的规格

正方形台布的规格一般为160 cm×160 cm，长方形台布的规格有160 cm×200 cm和180 cm×300 cm两种。

二、西餐台布铺设方法及要求

1. 铺台布的准备工作

铺台布之前，首先应将所需餐椅按就餐人数摆放于餐台的四周，要求椅子面的前沿与桌子的边沿相切，对准备铺用的每块台布进行仔细的检查，发现有残破、油渍和皱褶的台布则不能继续使用。最后应根据餐厅的装饰、布局确定席位。操作时，餐厅服务员站立于餐台长侧边，将选好的台布放于餐台上。

2. 台布铺设方法

西餐铺台布的方法有两种：

第一种方法：铺台时，餐厅服务员站立于餐台长侧边，将台布横向打开，双手捏住台布一侧边，将台布送至餐台另一侧，然后将台布从餐台另一侧向身体一侧慢慢拉，台布的正面向上，台布折叠线的凸线向上置于餐台的中心位置，四周下垂部分匀称。

第二种方法：餐厅服务员将主人处餐椅拉至右侧，站立在主人席前，距餐台约 30 cm，将选好的台布放于餐台上，用双手将台布打开后，贴着餐台平行推出去再拉回来。台布的正面向上，台布折叠线的凸线向上置于餐台的中心位置，四周下垂部分匀称。最后将主人位的餐椅送回原位。

3. 台布铺设要求

单张餐台台布铺设要求（如长方形餐台、正方形餐台）：台布正面朝上，十字中缝居中，台布四边或四角均匀下垂。

组合式长形餐台台布铺设要求（如：一字形餐台、U 字形餐台、马蹄形餐台、T 字形餐台、E 字形餐台、梳子形餐台等）：若此台型采用多块台布，则多块台布中间折缝应成一直线，餐桌四周的台布缝边应该对齐，不可长短不一，台布接缝处的压缝一律位于餐厅内侧，即从入口处看不到台布接缝。

三、西餐餐用具介绍

1. 常见的西餐餐酒具

展示盘、面包盘、汤勺、主菜刀、主菜叉、鱼刀、鱼叉、开胃刀、开胃叉、甜品叉、甜品勺、水果刀、水果叉、黄油刀、黄油碟、咖啡勺、咖啡垫盘、咖啡杯、龙虾签、龙虾叉、蜗牛叉、蚝叉、水杯、红葡萄酒杯、白葡萄酒杯、饮料杯、香槟杯、啤酒杯、白兰地杯、利口杯等。西餐餐具中的刀、叉、匙品种多样，常见的几种实物如图 1—2 所示。

2. 常见的西餐用具

常见的西餐用具包括花瓶、烛台、调味用具、菜单、洗手盅、酒篮、冰桶等，如图 1—3 所示。

图 1—2　刀、叉、匙实物图

图 1—3　常见西餐用具组图

四、西餐便餐摆台的分类及摆放要求

1. 早餐摆台

展示盘摆放在席位的中间，展示盘左边放叉，右边放刀，刀刃向左，叉尖向上；餐叉左侧摆面包盘和黄油刀，黄油刀放在面包盘中轴线右侧 1/2 处，刀口朝盘心；黄油碟放在黄油刀的上方；咖啡杯放在餐刀的右侧，咖啡杯倒扣于咖啡垫碟中，用时翻转过来，咖啡杯柄和咖啡勺把朝后；将折好的餐巾花放于盘中；花瓶、烛台、调味用具等物品放于餐台中心的位置。

2. 午餐和晚餐摆台

展示盘摆放在席位的中间，展示盘左边放叉，右边放刀，刀刃向左，叉尖向上；餐叉左侧摆面包盘和黄油刀，黄油刀放在面包盘中轴线右侧 1/2 处，刀口朝盘心，黄油碟放在黄油刀的上方；水杯放于餐刀上方，汤勺放于餐刀的右侧，将折好的餐巾花放于盘中，花瓶、烛台、调味用具等物品放于餐台中心的位置。

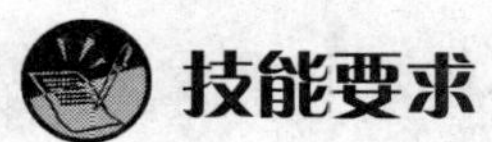

技能要求

西餐便餐餐台摆台

一、操作准备

1. 场地

模拟西餐厅

2. 物品

工作台 1 个、长 240 cm 宽 120 cm 西餐桌一张、靠背椅 6 把、西餐台布 1 块、展示盘 6 个、面包盘 6 个、餐刀（主菜刀）6 把、餐叉（主菜叉）6 把、汤勺 6 把、黄油刀 6 把、水杯 6 只、花瓶 1 只、烛台 2 个、胡椒筒 2 个、盐筒 2 个、牙签筒 2 个、口布 6 块、托盘 2 只。

二、操作步骤

在规定时间内，折六朵皇冠花，完成 6 个餐位的西餐便餐摆台。

步骤 1：折叠餐巾花

折六朵皇冠花，折法正确，注意口布的正反面，要求一次成型；造型形象逼真，口布挺括，符合每朵花的最后成型要求；注意操作卫生，不能用嘴咬口布。摆花时将餐巾花放在展示盘中央，使最佳观赏面正对客人，如图 1—4 所示。

步骤 2：铺台布

站在副主位铺台布，台布正面朝上，中凸线居中，四周下垂匀称。

步骤 3：拉椅定位

动作规范，两椅中心对准台布中心线；侧椅间距均匀，两两相对；椅子面的前边与下垂台布相切，如图 1—5 所示。

步骤 4：摆放展示盘

徒手将展示盘放在餐位正中，手势规范；盘边距桌边 2 cm，一次到位，如图 1—6 所示。

步骤 5：摆放刀、叉、勺

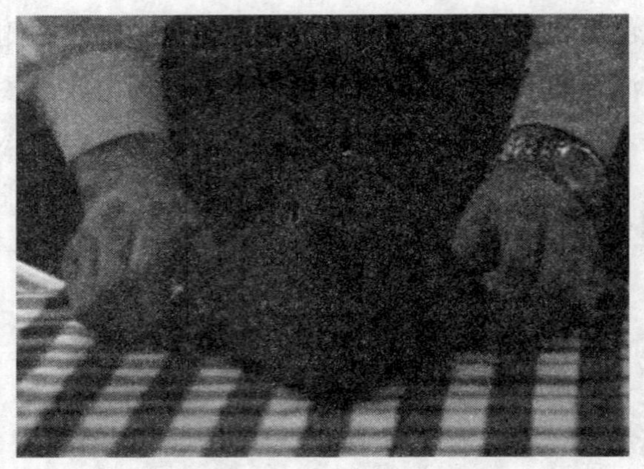

图 1—4　西餐餐巾折花场景

图 1—5　西餐台拉椅定位

图 1—6　摆放展示盘

展示盘左右两侧 2 cm 处各放一把餐叉和餐刀，刀口朝盘，餐刀右侧 1 cm 处放汤勺；刀叉勺柄端距桌边 2 cm，如图 1—7 所示。

图 1—7　摆放刀、叉、勺、面包盘、黄油刀

步骤 6：摆放面包盘、黄油刀

餐叉左侧 2 cm 处放面包盘，盘心与展示盘心在同一直线上；黄油刀放在面包盘中轴线右侧 1/2 处，如图 1—7 所示。

步骤 7：摆放水杯

水杯放在餐刀尖上方 3 cm 处，如图 1—8 所示。

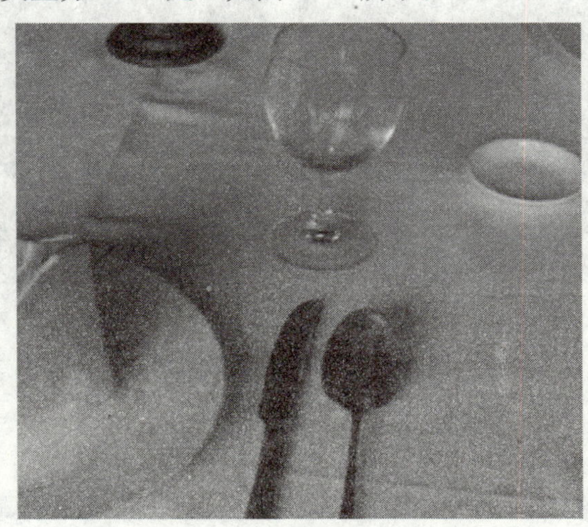

图 1—8　摆放水杯

步骤 8：摆放公用物品

两人位置早餐的花瓶放在餐桌一角，沿台布中凸线在花瓶左右两侧 20 cm 处各放一烛台；烛台外侧 10 cm 处放盐、胡椒和牙签筒，盐筒、胡椒筒并排垂直于中凸线，字面分别朝向正副主人，与牙签筒呈三角形，间距为 1 cm。如图 1—9 所示。

图 1—9　摆放公用物品

步骤 9：摆放餐巾花

摆花时将餐巾花放在展示盘中央，使最佳观赏面正对客人。整体摆放效果如图 1—10 所示。

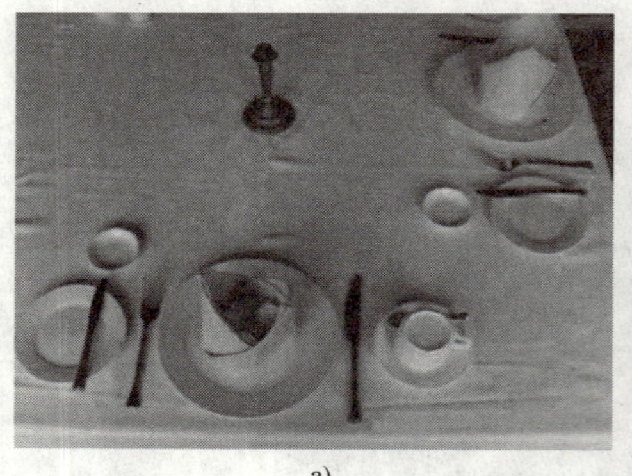

a)

b)

图 1—10　西餐便餐效果图

a）早餐　b）午餐

三、注意事项

1. 注意操作顺序，从主位开始，顺时针依次摆放。

2. 注意托盘姿势，保持姿势正确，不搁臂，不碰胸、腰，操作时托盘要拉开、端稳，行走轻松自然。

3. 注重仪容仪表与卫生细节，着装、化妆、饰物和头发等均符合要求，操作时动作轻、神态自然，操作手法要讲卫生。

4. 注重整体效果，台面清洁卫生，整体布局合理，美观大方。

学习单元 2　中餐宴会摆台

学习目标

- ➢ 了解中餐宴会摆台的准备工作和台布的铺设要求
- ➢ 掌握中餐宴会摆台的操作方法及要领
- ➢ 能够掌握规范、娴熟的操作技能

知识要求

中餐宴会是指具有中国传统民族形式的宴会，宴会遵循中国的饮食习惯，使用中式餐具，食用中式菜肴，采用中式服务方式。应充分做好宴会开餐前的各项准备工作，严格按照操作规程进行，让宾客得到满意的服务。

一、中餐宴会摆台的准备工作

1. 宴会餐台的选择

中餐宴会餐台的选择及安排，应根据餐厅的形状、餐厅内陈设的特点，主办人对宴会的要求及就餐人数进行。中餐宴会使用的餐台为圆桌，直径在 180 cm 左右。如是多桌宴会，其主桌的圆台面可大一些，直径可在 200 cm 以上。

2. 宴会餐用具及服务用品的配备

摆台前餐厅服务员应根据就餐顾客的人数、桌数及菜单，安排好充足的摆台所用餐具及餐间更换用餐具、用具。

餐酒具：餐碟、汤碗、汤勺、味碟、筷架、筷子、调味用具、公用餐具、水杯、红酒杯、白酒杯、花瓶、烟缸、台布、餐巾等。

服务用具：托盘、分菜工具、茶具、毛巾等。

3. 宴会工作台的布置

工作台是餐厅服务员从事服务工作过程中使用的台面。它既可以放酒水、菜肴、餐具、用具及部分备用品，同时又是餐厅服务员站立服务的岗位标志。工作台应根据餐桌数设置，一般应 1 桌宴会设 1 个工作台；如宴会的档次较高，应考虑设两个工作台。工作台内物品的布置及摆放应体现拿取方便、分类摆放的原则。

二、中餐宴会台布

1. 台布

中餐宴会铺台布的方法有两种。一种是平层式铺台，即在圆台上直接铺放台布，台布的形状有方形和圆形两种。第二种是双层式铺台，即首先在圆台上铺一层底布，然后再铺放一块比底布规格均小的工艺抽纱或刺绣台布。双层式铺台所用的台布形状以圆形为佳，上下两块台布的颜色、花纹、质地要协调，符合宴会主题，彰显特色。

2. 桌裙

桌裙又称台裙，是指在铺设好台布的餐桌上增设的装饰。桌裙材质的选用很广泛，可选用颜色高雅庄重、质地华丽的丝绒布和色彩亮丽的丝、纱和其他装饰布等。桌裙花色有单色、彩色两种。桌裙材质和用色的选择应根据宴会厅的色调、环境而定。

常见的桌裙为定型桌裙，即桌裙的折裥已缝制好，使用时，将台裙夹固定在桌沿上，再将桌裙沿桌按顺时针方向固定在台裙夹上。桌裙的长度以其底边离地面 10 cm 为宜。

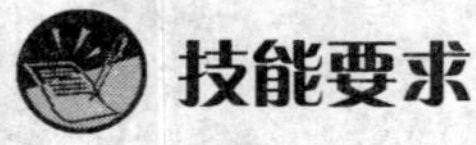

技能要求

中餐宴会摆台

一、操作准备

1. 场地

模拟中餐厅

2. 物品

工作台 1 个、1.8 m 圆台一张、80 cm 转台 1 张、靠背椅 10 把、台布 1 块、花瓶 1 只、餐碟 10 个、汤碗 10 只、汤勺 10 把、味碟 10 只、水杯 10 只、红酒杯 10 只、白酒杯 10 只、筷架 10 个、筷子 10 双，酱油壶 1 个、醋壶 1 个、胡椒筒 1 个、盐筒 1 个、公用架 2 个、公用勺 2 把、公用筷 2 双、餐巾 10 块、托盘 2 只。

二、操作步骤

在规定时间内折 10 朵杯花，其中 5 朵动物花、5 朵植物花；完成 10 个餐位的中餐宴会摆台。

步骤 1：折叠餐巾花

［附 20 种餐巾花型品种（A、B 两组），考核时可由评委抽取任意一组］

A 组花——孔雀开屏、卷蝴蝶、花背鸟、翘尾鸟、圣诞火鸡、月季花、仙人掌、双荷花、雨后春笋、姐妹花。

B 组花——彩蝶纷飞、和平鸽、四尾金鱼、鸵鸟、白鹤、冰玉水仙、迎宾花篮、单荷花、枫叶、松花结蒂。

步骤 2：铺台布

站在副主位铺台布，台面中心线居中，十字交叉点居桌中心，台布平整，四脚下垂、相等，如图 1—11 所示。

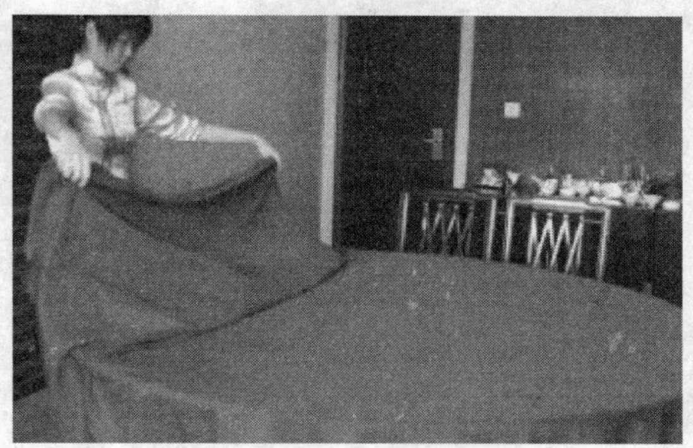

图 1—11　铺台布

步骤 3：放置转台和插花

转台居中，如图 1—12 所示。花瓶放在转台中心。

图 1—12　放置转台

步骤 4：摆放餐碟

餐碟离台边约 2 cm，相互间距相等，定位准，店徽对准客人，如图 1—13 所示。

步骤 5：摆放汤碗、汤勺和味碟

汤碗在餐碟的左上侧间距 1 cm 左右，汤勺放在汤碗内，勺柄向左；味碟在餐碟的右上侧与汤碗在一条直线上并相距 1 cm 左右，如图 1—14 所示。

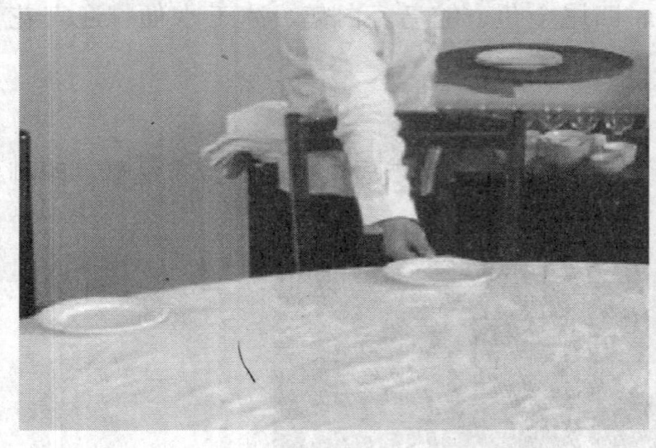

图 1—13　摆放餐碟

图 1—14　摆放汤碗、汤勺和味碟

步骤 6：摆放筷架、筷子和牙签

筷架放在味碟的右侧相距 1 cm 左右，筷子 1/3 搁在筷架上，筷头对准中心，筷尾距桌边约 2 cm，如图 1—15 所示。

步骤 7：摆放白酒杯、红酒杯和水杯

三杯成一直线，红酒杯正对餐碟的中心线，红酒杯左侧放水杯，右侧放白酒杯，三杯杯间距约 1 cm，水杯与汤碗的间距约 1 cm，如图 1—16 所示。

图 1—15　摆放筷架和筷子

图 1—16　摆放白酒杯、红酒杯和水杯

步骤 8：摆放餐巾折花

按照餐巾折花摆放原则，从主位开始依次摆放。如图 1—17 所示。

步骤 9：摆放公用勺、筷和调味具

公用架放在正副主人前面中心线左侧 3 cm 处，公筷与公羹平行放在公架上与中心线垂直并两边对称，公筷靠转台而公羹靠水杯；酱油、醋壶和盐、胡椒筒分别放在主人左侧和右侧小位中心线两旁，间距 1 cm 左右；公用羹筷与调味具均离转台约 2 cm，如图 1—18 所示。

图 1—17　摆放餐巾花

图 1—18　摆放公用勺、筷和调味具

步骤 10：拉椅

从主宾拉椅，把椅子拉成圆形，椅子间距相等，椅背中心对餐碟，椅子边沿与下垂的台布相切。中餐宴会摆台效果如图 1—19 所示。

a)

b)

图 1—19　中餐宴会摆台效果图

a）整体效果　b）局部效果

三、注意事项

1. 操作顺序，从主位开始，顺时针依次摆放。

2. 托盘姿势，托盘姿势正确，不搁臂，不碰胸、腰，操作时托盘要拉开、端稳，行走轻松自然。

3. 仪容仪表与卫生，着装、化妆、饰物和头发等符合要求，操作时动作轻盈、神态自然、手法卫生。

4. 整体效果，清洁卫生，布局合理，美观大方。

相关链接

吃中餐的礼仪

吃中餐时大家围坐在一张圆桌边，最能表现出热闹的气氛。

吃中餐的礼仪不多，这是它的魅力之一，但礼仪不多不等于随便吃。菜端到转台上后，一边慢慢转转台，一边把各种菜夹到自己的餐碟里。此时，不要一个劲地夹自己喜欢吃的菜，要考虑到其他来宾。另外，别人夹菜时，不能从旁边用自己的筷子夹菜，或者转动转台。夹完菜后，自己的小餐碟要放到一旁，以免妨碍转台的转动。只有注意到这些小节，才能共同享受美味菜肴带来的愉快。

第 2 节 餐巾折花

学习单元 1 折叠 25 朵餐巾花

学习目标

- 掌握 20 种杯花、5 种盘花的折叠方法
- 能够掌握熟练的餐巾花折叠操作技能

知识要求

餐厅服务员应根据季节和餐别的不同，正确选择餐巾的颜色，合理配放餐巾花型，增强餐台的视觉效果。

一、餐巾花的摆放要求

1. 主花摆插在主人位，一般主位的花型要高大醒目。

2. 不同品种的花型同桌摆放时要位置适当，将形状相似的花形错开并对称摆放，要求高低均匀，错落有致。

3. 摆放餐巾花时，要将其观赏面朝向宾客席位，适合正面观赏的要将正面朝向宾客；适合侧面观赏的要选择一个最佳观赏角度摆放。

4. 各种餐巾花之间的距离要均匀，整齐一致。

5. 餐巾花不能遮挡台上用品，不能影响服务操作。

二、餐巾的颜色选择

1. 白色餐巾色调素雅，给人以清洁卫生、恬静幽雅之感。用白色餐巾可以调节人的视觉平衡，并能安定人的情绪。

2. 浅暖色餐巾色调柔美，给人富丽堂皇、兴奋热烈的感觉，如粉红色、橘橙色、鹅黄色等，可以烘托用餐气氛，刺激客人增加食欲。

3. 浅冷色餐巾色调清新，给人平静、舒适、凉爽的感觉。如淡绿色，淡蓝色等。

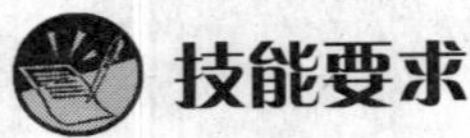

技能要求

折叠25朵餐巾花

一、操作准备

1. 场地

模拟餐厅

2. 物品

工作台1个、水杯20只、展示盘5只、口布25块、筷子1双

3. 操作说明

（1）杯花花型品种

孔雀开屏、卷蝴蝶、花背鸟、翘尾鸟、圣诞火鸡、月季花、仙人掌、双荷花、雨后春笋、姐妹花、彩蝶纷飞、和平鸽、四尾金鱼、鸵鸟、白鹤、冰玉水仙、迎宾花篮、单荷花、枫叶、松花结蒂。

（2）盘花花型品种

皇冠、一帆风顺、主教帽、三步曲、领带。

（3）要求

在规定时间内完成20朵杯花、5朵盘花的折叠。

二、操作步骤

技能1　孔雀开屏

步骤1：将餐巾正面朝上，菱形放置；

步骤2：将餐巾向靠近菱形顶角部位提折第一层，与菱形顶角间距10 cm左右，接着将朝下的巾角向上翻折；

步骤3：再将朝上的巾角向下翻折成第二层；

步骤4：第一层与第二层相间1 cm，把朝下的小三角向上折；

步骤5：从中间向两边打折裥；

步骤 6：将打好折裥的餐巾攥在左手；

步骤 7：运用“穿”的技法将 1 双筷子穿过第一层、第二层的折裥，将小三角整理成孔雀的头部；

步骤 8：装杯后，抽去筷子，稍作整理。

“孔雀开屏”操作步骤图如图 1—20 所示。

“孔雀开屏”成品效果图如图 1—21 所示。

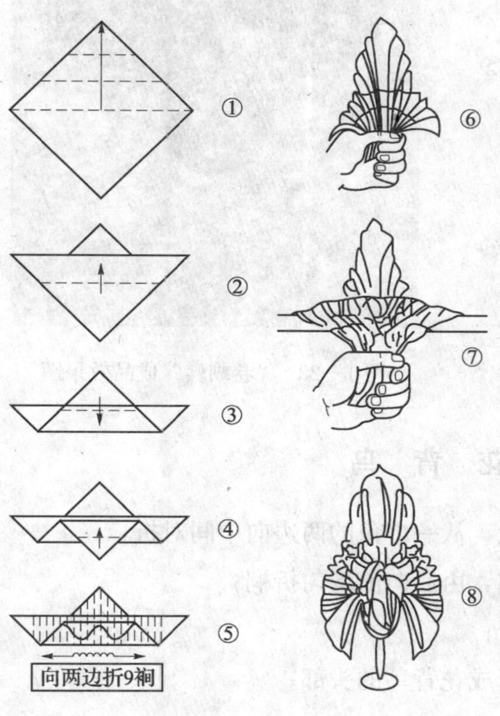

图 1—20　“孔雀开屏”操作步骤图

图 1—21　“孔雀开屏”成品效果图

技能 2　卷蝴蝶

步骤 1：将餐巾反面朝上，两边向中心线对折成长方形；

步骤 2：将四片巾角从长方形的中间向四个角打开；

步骤 3：从长方形的一头开始向前卷起；

步骤 4：卷至中间部位向前打折裥；

步骤 5：打好折裥后将餐巾向后对折；

步骤 6：装入杯中，整理成型。

“卷蝴蝶”操作步骤图如图 1—22 所示。

“卷蝴蝶”成品效果图如图 1—23 所示。

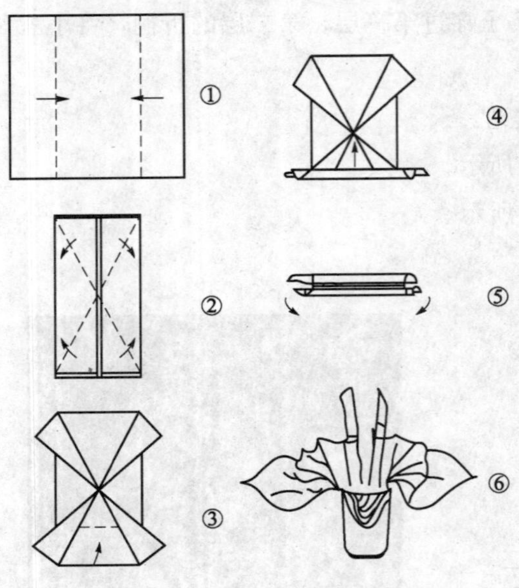

图 1—22 “卷蝴蝶”操作步骤图

图 1—23 “卷蝴蝶”成品效果图

技能3 花 背 鸟

步骤 1：将餐巾正面朝上，菱形放置，从一巾角的两边向中间对折；

步骤 2：将餐巾竖放，尖角部位朝前，由后向前均匀折裥；

步骤 3：打好折裥后将餐巾向后对折；

步骤 4：攥在左手，前面的巾角翻折成花背鸟的头部；

步骤 5：将两边的巾角翻折成花背鸟的翅膀；

步骤 6：装入杯中，整理定型。

“花背鸟”操作步骤图如图 1—24 所示。

“花背鸟”成品效果图如图 1—25 所示。

技能4 翘 尾 鸟

步骤 1：将餐巾反面朝上，对折成三角形；

步骤 2：从三角形的底边向上卷；

步骤 3：留一小三角（约 11 cm 左右）；

步骤 4：将小三角的上面一层向后回折，再从卷的 2/5 处对折；

步骤 5：对折后将两卷朝上；

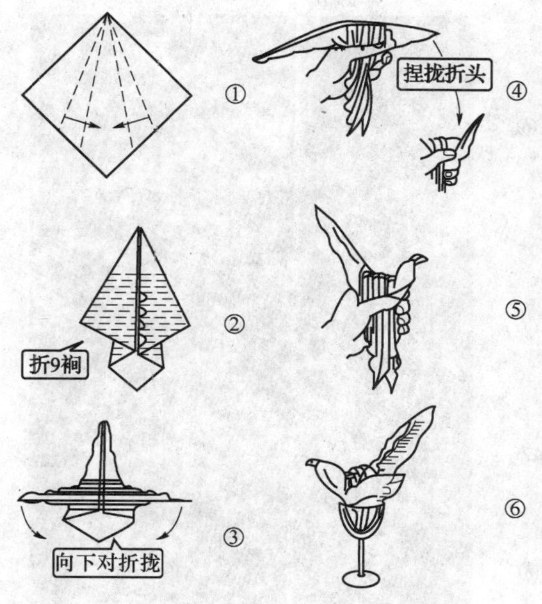

图 1—24　“花背鸟”操作步骤图

图 1—25　“花背鸟”成品效果图

步骤 6：把短卷朝下折，形成翘尾鸟的身体；

步骤 7：把朝下的卷再朝上折，做翘尾鸟的头，再将两边的巾角翻折成翘尾鸟的翅膀；

步骤 8：装入杯中，整理定型。

“翘尾鸟”操作步骤如图 1—26 所示。

“翘尾鸟”成品效果图如图 1—27 所示。

技能 5　圣 诞 火 鸡

步骤 1：将餐巾反面朝上，对折成长方形；

步骤 2：再对折成正方形；

步骤 3：将正方形的三片巾角向上对折成三角形；

步骤 4：再把三片巾角依次向原处折，巾角对齐，每片餐巾间距 1 cm～2 cm；从中间向两边打折裥；

步骤 5：左手攥住中间，朝下的餐巾翻上做火鸡头；

步骤 6：装入杯中，整理成型。

“圣诞火鸡”操作步骤如图 1—28 所示。

“圣诞火鸡”成品效果如图 1—29 所示。

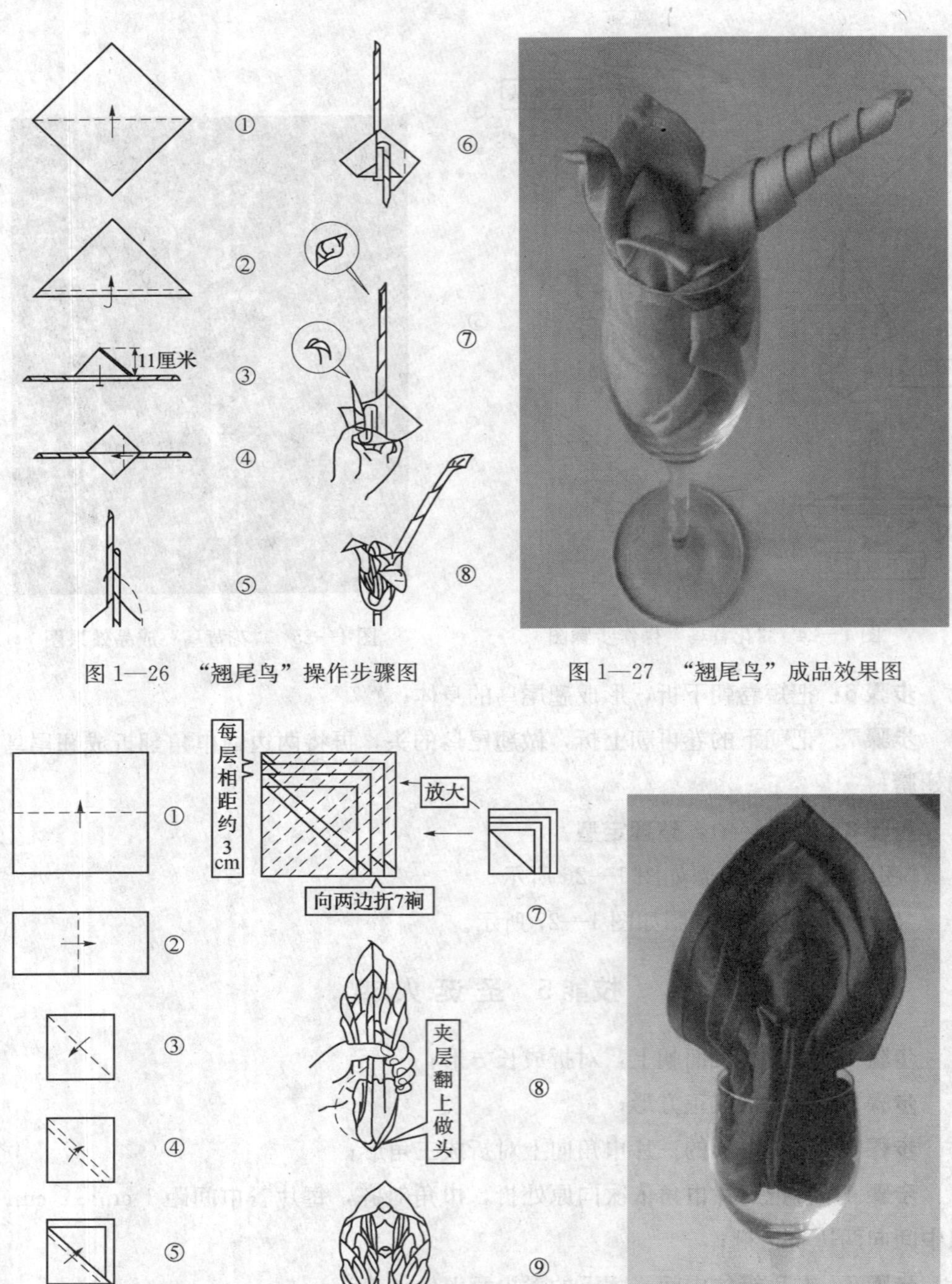

图 1—26 “翘尾鸟”操作步骤图

图 1—27 “翘尾鸟”成品效果图

图 1—28 “圣诞火鸡”操作步骤图

图 1—29 “圣诞火鸡”成品效果图

技能 6　月　季　花

步骤 1：将餐巾反面朝上，菱形放置；

步骤 2：对折成错位长方形；

步骤 3：再对折成错位正方形；将餐巾菱形放置，四片巾角朝上；

步骤 4：从下向上打折裥；

步骤 5：打好折裥后，从中间弯曲。

步骤 6：运用掰的技法整理成月季花瓣；

步骤 7：初步整理花心，装入杯中，整理成型。

“月季花”操作步骤如图 1—30 所示。

“月季花”成品效果如图 1—31 所示。

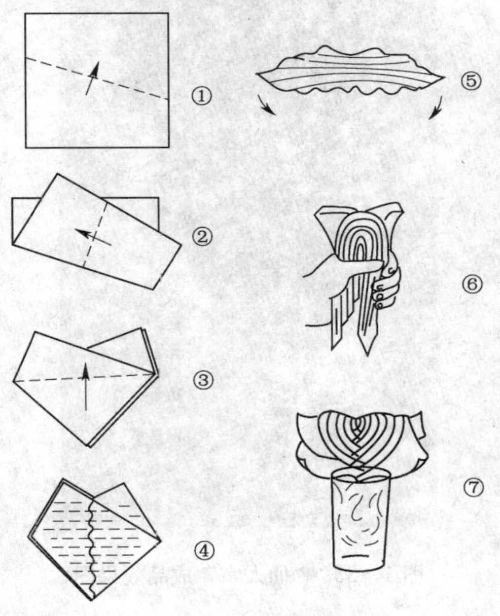

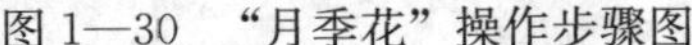

图 1—30　“月季花”操作步骤图

图 1—31　“月季花”成品效果图

技能 7　仙　人　掌

步骤 1：将餐巾反面朝上，对折成长方形；

步骤 2：将长方形的两片巾角向上对折成三角形；

步骤 3：再把余下的两片巾角向下对折成三角形；

步骤 4：将三角形对折成小三角形；

步骤 5：运用斜折裥的技法，折成仙人掌的形状；

步骤 6：用手攥住仙人掌底部，初步成型；

步骤 7：装入杯中，整理定型。

“仙人掌”操作步骤如图 1—32 所示。

“仙人掌”成品效果如图 1—33 所示。

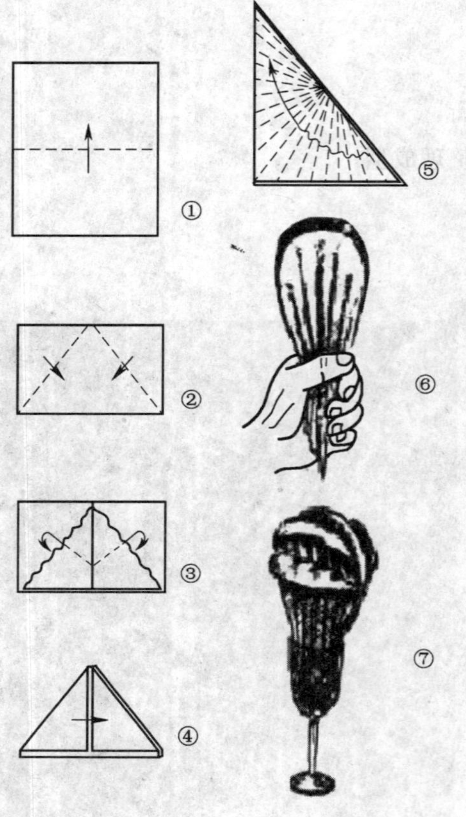

图 1—32 “仙人掌”操作步骤图

图 1—33 “仙人掌”成品效果图

技能 8 双 荷 花

步骤 1：将餐巾反面朝上，对折成长方形；

步骤 2：将长方形对折成正方形；

步骤 3：把第一片巾角向上翻折，第四片巾角向后翻折；

步骤 4：从中间向两边打折裥；

步骤 5：餐巾攥在左手；

步骤 6：把朝下的两片餐巾从两边向上翻折成荷花的花瓣；

步骤 7：装入杯中，整理成双荷花形状。

“双荷花”操作步骤如图 1—34 所示。

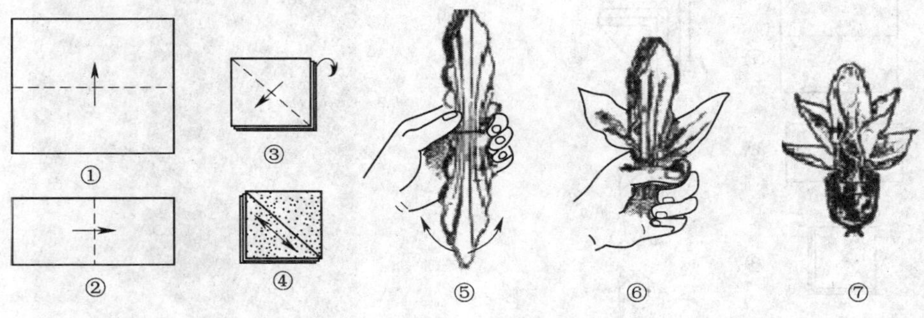

图 1—34　“双荷花”操作步骤图

“双荷花”成品效果如图 1—35 所示。

图 1—35　“双荷花”成品效果图

技能 9　雨后春笋

步骤 1：将餐巾反面朝上，对折成长方形；

步骤 2：再对折成正方形；

步骤 3：将正方形的第一片巾角向上翻折成三角形；

步骤 4：将第二片巾角向上翻折成三角形；

步骤 5：把余下的巾角依次翻折成三角形，巾角间距 2～3 cm；

步骤 6：将餐巾分成三等份，向后翻折；

步骤 7：装入杯中，整理成春笋的形状。

“雨后春笋”操作步骤如图 1—36 所示。

“雨后春笋”成品效果如图 1—37 所示。

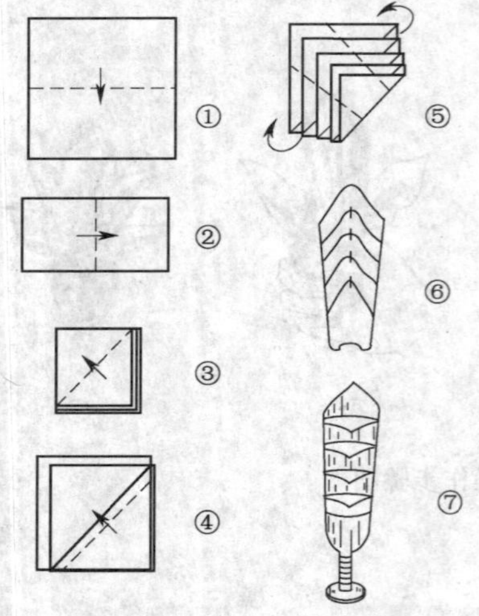

图 1—36 “雨后春笋”操作步骤图

图 1—37 “雨后春笋”成品效果图

技能 10 水上睡莲

步骤 1：将餐巾正面朝上，菱形放置；

步骤 2：将菱形的左右两巾角向中间对折；

步骤 3：从中间沿着中缝线向两边均匀折裥；

步骤 4：一般折 7 个裥；

步骤 5：将折好的裥向两边弯下去；

步骤 6：将餐巾攥在左手，把四片巾角向上翻折成睡莲的花叶；

步骤 7：装入杯中，整理成型。

“水上睡莲”操作步骤如图 1—38 所示。

“水上睡莲”成品效果如图 1—39 所示。

技能 11 彩蝶纷飞

步骤 1：反面朝上，将餐巾对折成长方形；

步骤 2：将左边一片巾角向上翻折成大三角形；

步骤 3：将右边一片巾角向上翻折成小三角形；

步骤 4：将底面朝上，用同样的方法依次折叠成大小两个三角形；

步骤 5：四片巾角分别在长方形的两侧，翻折的三角形要求两大两小；

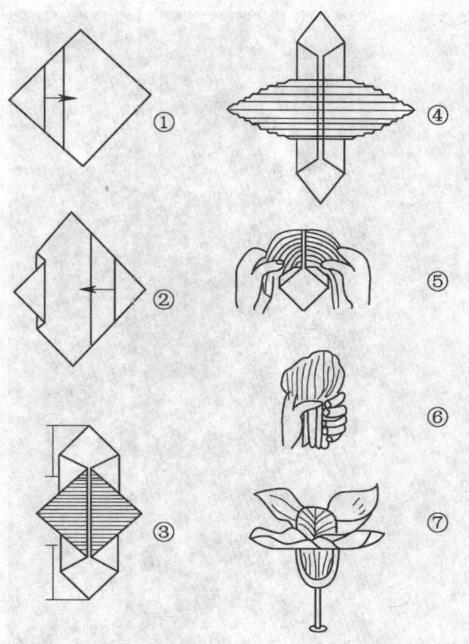

图 1—38　“水上睡莲”操作步骤图

图 1—39　“水上睡莲”成品效果图

步骤 6：接着从餐巾的中间向两边均匀折裥；

步骤 7：左手攥住餐巾的中下部，右手将一根筷子运用穿的技法穿过折裥；

步骤 8：装入杯中；

步骤 9：抽去筷子，整理成型。

“彩蝶纷飞”操作步骤图如图 1—40 所示。

“彩蝶纷飞”成品效果如图 1—41 所示。

技能 12　和　平　鸽

步骤 1：将餐巾反面朝上，对折成长方形；

步骤 2：将左边一片巾角沿虚线向上对折；

步骤 3：将左边一片巾角向上对折成三角形；

步骤 4：再对折成正方形；

步骤 5：从中间向两边均匀折裥；

步骤 6：将和平鸽的尾巴拉出；

步骤 7：将三片巾角整理成鸽子的翅膀和头部；

步骤 8：装入杯中，整理成型。

“和平鸽”操作步骤如图 1—42 所示。

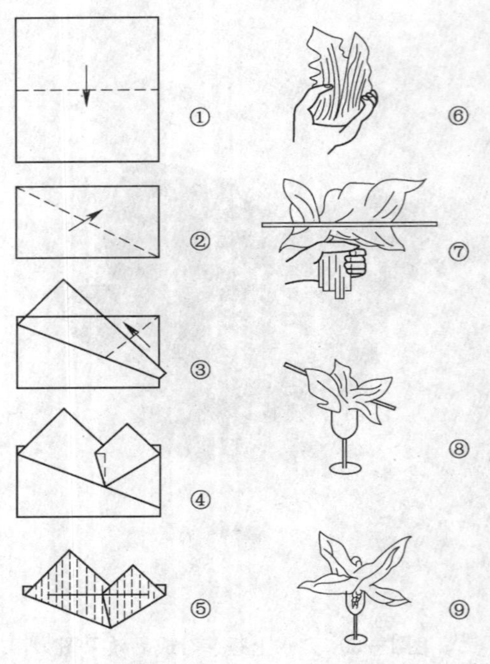

图 1—40 “彩蝶纷飞”操作步骤图

图 1—41 “彩蝶纷飞”成品效果图

“和平鸽”成品效果如图 1—43 所示。

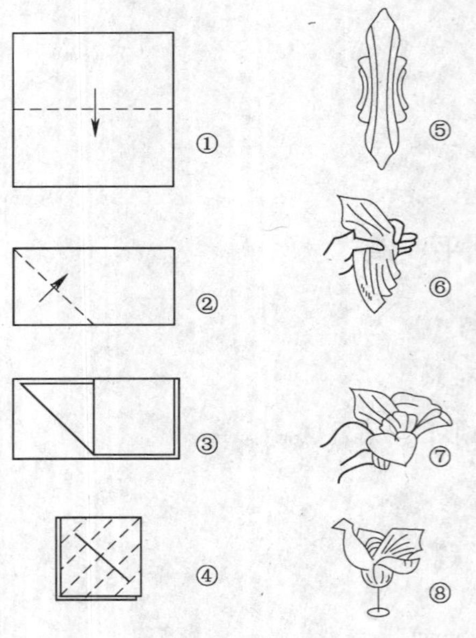

图 1—42 “和平鸽”操作步骤图

图 1—43 “和平鸽”成品效果图

技能 13　四尾金鱼

步骤 1：将餐巾反面朝上，对折成长方形；

步骤 2：将长方形对折成正方形；

步骤 3：从中间向两边均匀折裥；

步骤 4：在折裥的 2∶3 处弯折；

步骤 5：弯折后左手攥住餐巾，将露出左手 1/3 的餐巾整理成金鱼的头部，另 2/3 的餐巾（四片巾角）整理成金鱼的尾巴；

步骤 6：装入杯中，整理成型。

“四尾金鱼”操作步骤如图 1—44 所示。

“四尾金鱼”成品效果如图 1—45 所示。

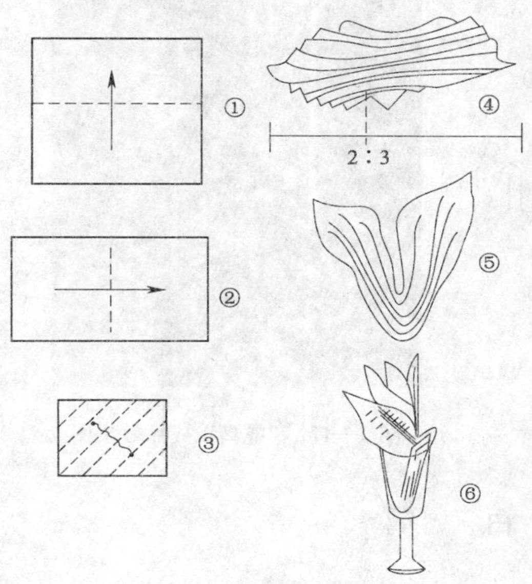

图 1—44　“四尾金鱼”操作步骤图

图 1—45　“四尾金鱼”成品效果图

技能 14　鸵　　鸟

步骤 1：将餐巾反面朝上，菱形放置；

步骤 2：将左边巾角向中间对折；

步骤 3：相同方法折叠成如图示；

步骤 4：将底面朝上，尖角部位朝向自己；

步骤 5：均匀折裥，朝下的小三角做鸵鸟尾巴，朝上的大三角做鸵鸟头；

步骤 6：将餐巾从中间对折，做成鸵鸟的身体；

步骤 7：手握鸵鸟身体，将大三角向上回折做鸵鸟的头；

步骤 8：装入杯中，整理成型。

“鸵鸟”操作步骤如图 1—46 所示。

“鸵鸟”成品效果如图 1—47 所示。

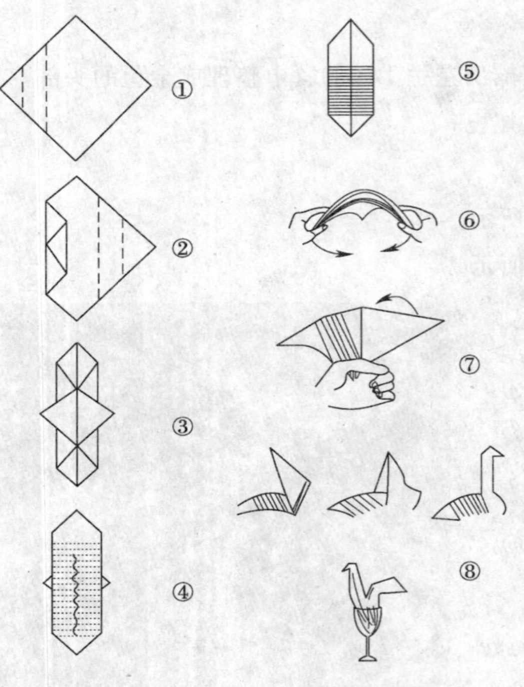

图 1—46 “鸵鸟”操作步骤图

图 1—47 “鸵鸟”成品效果图

技能 15 白　鹤

步骤 1：将餐巾反面朝上，菱形放置；

步骤 2：从一巾角的两边向中间斜卷；

步骤 3：两卷相并呈领带状；

步骤 4：将尖头部位反折成 W 形；

步骤 5：将尖角捏成白鹤的头；

步骤 6：装入杯中，整理成型。

“白鹤”操作步骤如图 1—48 所示。

“白鹤”成品效果如图 1—49 所示。

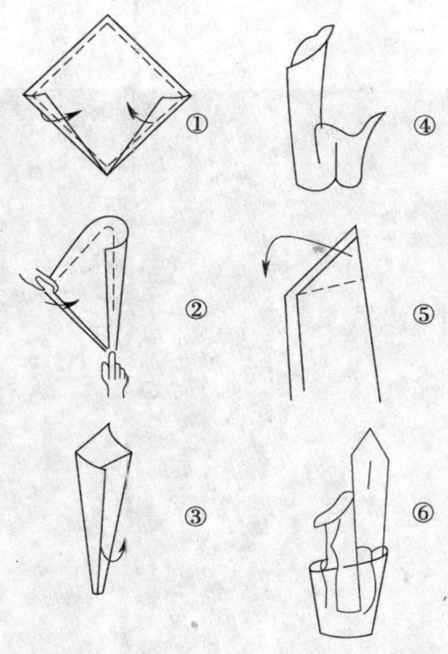

图 1—48　“白鹤”操作步骤图

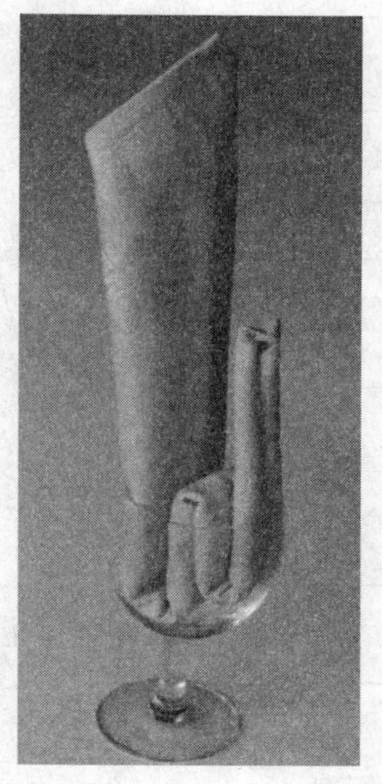

图 1—49　“白鹤”成品效果图

技能 16　冰 玉 水 仙

步骤 1：将餐巾反面朝上，对折成长方形；

步骤 2：将长方形对折成正方形；

步骤 3：将正方形的巾角向上对折；

步骤 4：将三片巾角向上对折成三角形，一片巾角向后翻折成三角形；

步骤 5：从中间向两边均匀折裥；

步骤 6：将餐巾攥在左手；

步骤 7：右手用力把四片巾角整理成花瓣；

步骤 8：装入杯中，整理定型。

“冰玉水仙”操作步骤如图 1—50 所示。

“冰玉水仙”成品效果如图 1—51 所示。

技能 17　迎 宾 花 篮

步骤 1：将餐巾反面朝上，菱形放置；

步骤 2：对折成三角形，上小下大；

步骤 3：从三角形的底边向上卷，留一小三角约 10 cm；

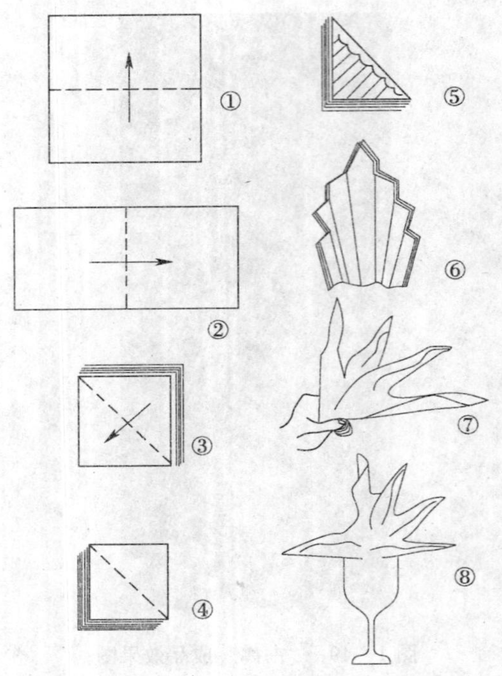

图1—50　“冰玉水仙”操作步骤图

图1—51　“冰玉水仙”成品效果图

步骤4：将小三角的上面一层向后回折，再从卷的中间对折；

步骤5：对折成V形；

步骤6：再将花篮的篮体折成W形；

步骤7：初步整理花叶和篮柄形状；

步骤8：装入杯中，把一侧的篮柄装入另一侧的柄内，整理花叶，定型。

“迎宾花篮”操作步骤如图1—52所示。

“迎宾花篮”成品效果如图1—53所示。

技能18　单　荷　花

步骤1：将餐巾反面朝上；

步骤2：对折成长方形；

步骤3：将长方形对折成正方形；

步骤4：从中间向两边均匀折裥，攥在左手；

步骤5：四片巾角朝上，将朝下的巾角向上翻折并包住餐巾；

步骤6：装入杯中，将四片花叶整理成荷花瓣状。

“单荷花”操作步骤如图1—54所示。

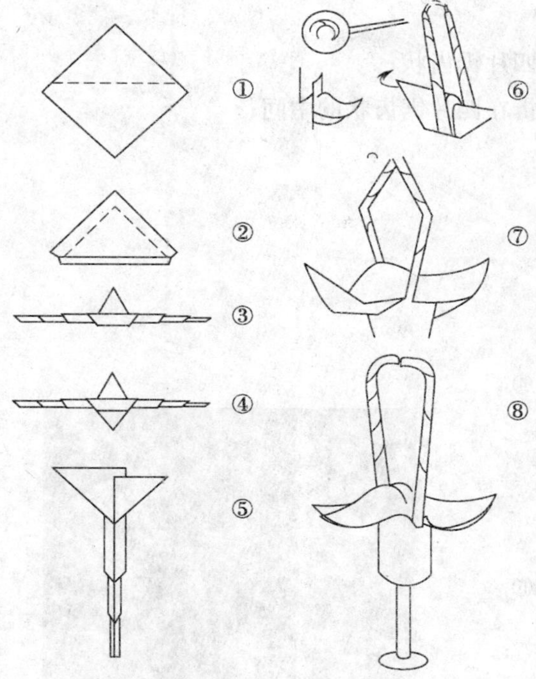

图 1—52　“迎宾花篮”操作步骤图

图 1—53　“迎宾花篮”成品效果图

“单荷花”成品效果如图 1—55 所示。

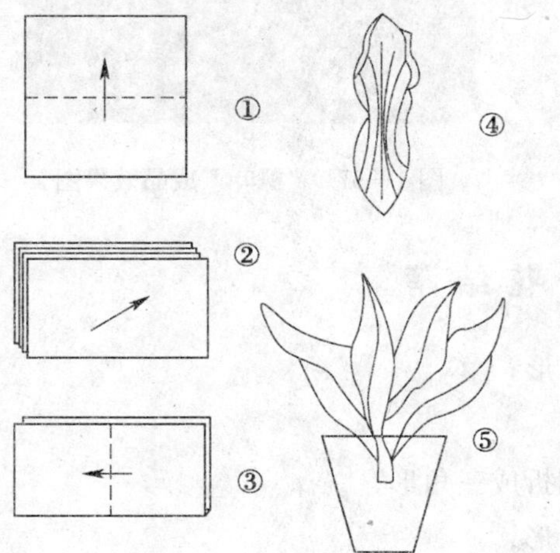

图 1—54　“单荷花”操作步骤图

图 1—55　“单荷花”成品效果图

技能 19　枫　叶

步骤 1：将餐巾反面朝上，四巾角错位相交；

步骤 2：折叠成锯齿形状；

步骤 3：将餐巾由右向左对折，呈四片锯齿状；

步骤 4：把底部的巾角向上翻折，折在四片锯齿状的中间；

步骤 5：从中间向两边均匀折裥；

步骤 6：装入杯中，整理成型。

“枫叶”操作步骤如图 1—56 所示。

“枫叶”成品效果如图 1—57 所示。

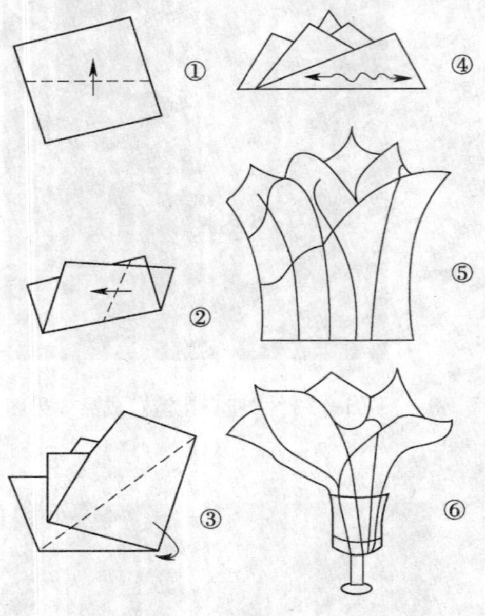

图 1—56 “枫叶”操作步骤图

图 1—57 “枫叶”成品效果图

技能 20 松花结蒂

步骤 1：将餐巾反面朝上，对折成长方形；

步骤 2：再对折成正方形；

步骤 3：将正方形的第一片巾角向上翻折成三角形；

步骤 4：将第二片巾角向上翻折成三角形；

步骤 5：接着把余下的两片巾角依次向上翻折成三角形；

步骤 6：每片三角形的间距为 1.5 cm 左右，成形如图所示；

步骤 7：从中间向两边均匀折裥；

步骤 8：装入杯中，整理定型。

“松花结蒂”操作步骤如图 1—58 所示。

“松花结蒂”成品效果如图 1—59 所示。

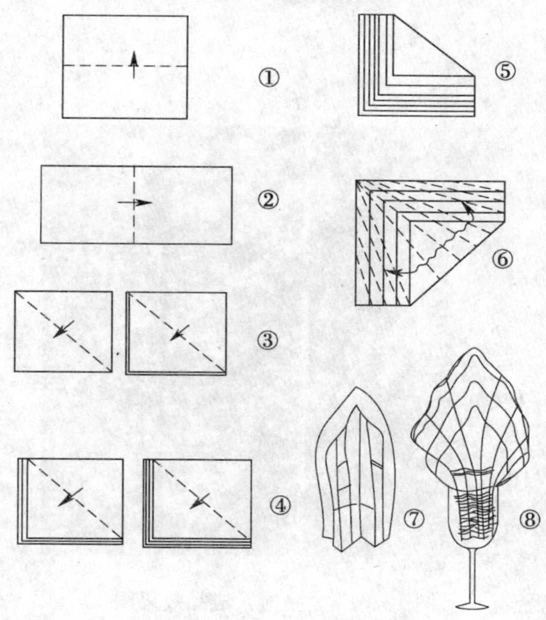

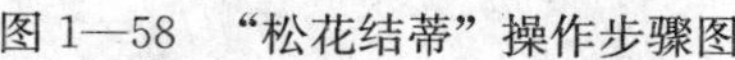
图 1—58　“松花结蒂”操作步骤图

图 1—59　“松花结蒂”成品效果图

技能 21　皇　冠

步骤 1：将餐巾反面朝上，对折成长方形；

步骤 2：将长方形的两个对角折成三角形；

步骤 3：将餐巾的底面朝上、对折；

步骤 4—6：餐巾如图放置，将两头的餐巾向中间对折；

步骤 7：初步整理，形成皇冠形状；

步骤 8：拉开餐巾，放入盘中。

“皇冠”操作步骤图如图 1—60 所示。

“皇冠”成品效果如图 1—61 所示。

技能 22　一帆风顺

步骤 1：将餐巾反面朝上，对折成长方形；

步骤 2：再对折成正方形；

步骤 3：将正方形的四片巾角朝上对折成三角形；

步骤 4：从三角形的顶角向下翻折；

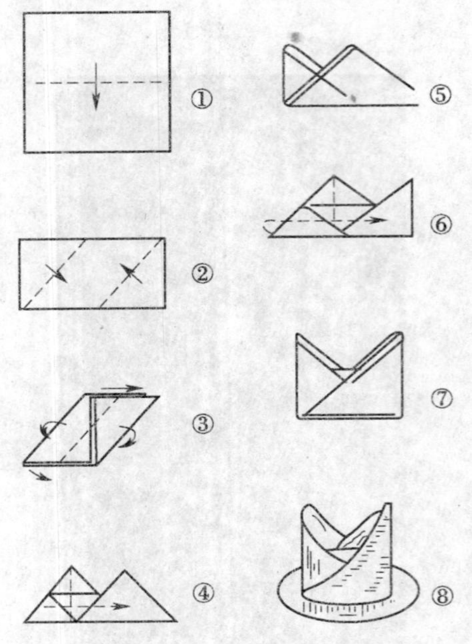

图 1—60　“皇冠”操作步骤图

图 1—61　“皇冠”成品效果图

步骤 5—6：将朝下的两巾角向后翻折；

步骤 7：将四片巾角拉出；

步骤 8：整理成型，放入盘中。

“一帆风顺”操作步骤如图 1—62 所示。

“一帆风顺”成品效果如图 1—63 所示。

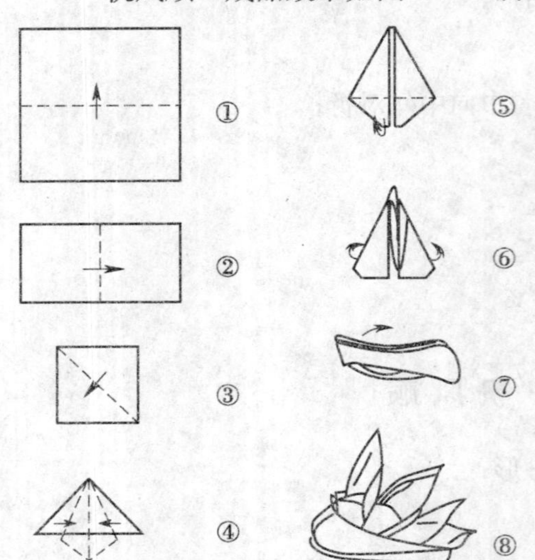

图 1—62　“一帆风顺”操作步骤图

图 1—63　“一帆风顺”成品效果图

技能 23 主 教 帽

步骤 1：将餐巾反面朝上，菱形放置；

步骤 2：对折成三角形；

步骤 3：将三角形的两底角向顶角处对折，呈正方形；

步骤 4：再将正方形的底角向上折成三角形；

步骤 5：接着把三角形翻下一个小三角；

步骤 6：餐巾底面朝上，将餐巾的两角向里折；

步骤 7：把一角塞到另一角中；

步骤 8：将餐巾正面朝前，把向上的两片巾角拉下来；

步骤 9：整理成型，放入盘中。

“主教帽”操作步骤如图 1—64 所示。

“主教帽”成品效果如图 1—65 所示。

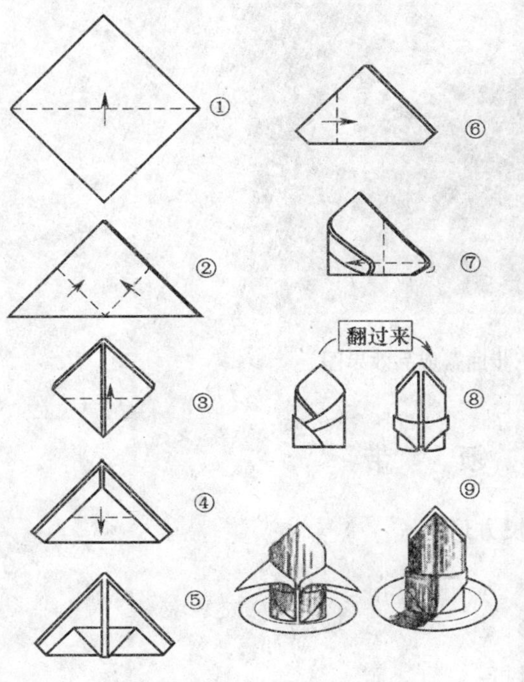

图 1—64 “主教帽”操作步骤图

图 1—65 “主教帽”成品效果图

技能 24 三 步 曲

步骤 1：将餐巾反面朝上，上下两条边向中间折成长方形；

步骤 2：将长方形的两端向中间对折；

步骤 3：如图所示，继续对折；

步骤 4：从中间向后翻折；

步骤 5：放入盘中，稍作整理。

“三步曲”操作步骤如图 1—66 所示。

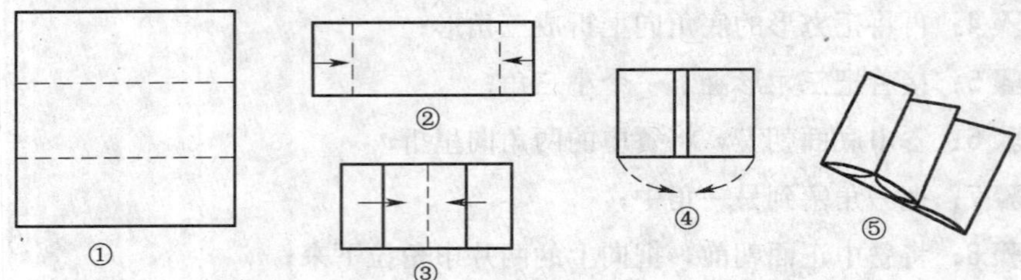

图 1—66　“三步曲”操作步骤图

“三步曲”成品效果如图 1—67 所示。

图 1—67　“三步曲”成品效果图

技能 25　领　　带

步骤 1：将餐巾反面朝上，对折成长方形；

步骤 2：再对折成正方形；

步骤 3—4：将正方形对折成三角形；

步骤 5—6：将三角形两底角向里对折；

步骤 7：折叠成领带头的形状，将完整的一面朝上；

步骤 8—9：稍作整理，竖放、横放都可。

“领带”操作步骤如图 1—68 所示。

“领带”成品效果如图 1—69 所示。

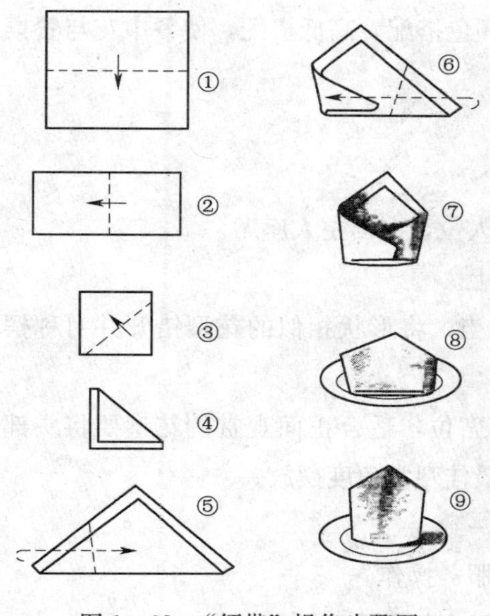

图 1—68　“领带”操作步骤图

图 1—69　“领带”成品效果图

三、注意事项

1. 餐巾布无破损，平整挺括。
2. 尽可能一次成型、定型。
3. 注意卫生，不得用嘴咬餐巾布。

学习单元 2　餐巾花摆放

学习目标

➢ 了解餐巾花的摆放要求

➢ 能根据宴会台面合理摆放餐巾花

➢ 能够形成熟练折叠、运用餐巾花的能力

知识要求

餐巾花折叠完成后，要根据宴会性质、季节、宾客的身份等因素来选择花型，

同时要考虑到不同餐巾花之间的花形搭配、颜色搭配、高低搭配，使餐巾花与餐桌的餐具、餐厅的氛围融为一体。

一、餐巾花摆放的要求

1. 高大、美观、醒目的主花应摆放在主人位，突出主人座席。

2. 造型一般的餐巾花摆放在其他宾客席上。

3. 不同品种的花型同桌摆放时要位置适当，将形状相似的花型错开并对称摆放。

4. 摆放餐巾花时，要将观赏面朝向宾客席位，适合正面观赏的花型要将头部朝向宾客，适合侧面观赏的花型要选择一个最佳观赏角度摆放。

5. 各种餐巾花之间的距离要均匀，整齐一致。

6. 餐巾花不能遮挡台上用品，不能影响服务操作。

7. 摆放好餐巾花后，要仔细检查一遍，发现问题及时纠正。

二、餐巾折花的运用原则

1. 主题突出原则

在选择餐巾花时一定要突出主题。如宴会是婚宴，在色彩上应以红色等暖色调的餐巾布为主，以渲染热烈的氛围。宴会主人位前的餐巾花称为主花，主花要选择美观而醒目的花型，目的是使宴会的主位更加突出。

2. 规模原则

根据宴会的规模选择花型。一般大型宴会可选用简单、快捷、挺拔、美观的花型。小型宴会可以同一桌上使用各种不同的花型，形成既多样又协调的布局。

3. 协调原则

餐巾花的选择要与菜肴、季节等协调一致。如冷拼是“游鱼戏水”，餐巾花就可以选用“金鱼”造型。不同的时令季节选择不同的花型，用台面上的花型反映季节特色，使之富有时令感。

4. 个性化原则

（1）根据客人身份、宗教信仰、风俗习惯和爱好选择花型。

（2）根据客人的要求设计餐巾花型。

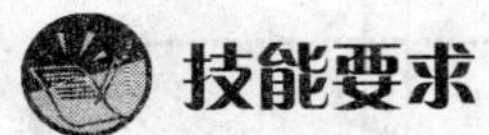

技能要求

餐巾花摆放

一、操作准备

1. 场地

中餐厅

2. 物品

中餐宴会台面 1 个、餐巾折花 10 朵（杯花）。

二、操作步骤

将 10 朵杯花依次放置于中餐宴会台面上。

步骤 1：摆放前的准备工作（装盘）

将折好的餐巾花装入托盘，注意杯子与杯子之间不能靠得太近，以免餐巾花散形或变形。装盘时应遵循后放先装、先放后装的原则，即后上桌的餐巾花先装盘，装在托盘的里档；先上桌的餐巾花后装盘，装在托盘的外档，方便拿取。

步骤 2：开始摆放顺序

从主位开始，顺时针摆放花型。如一桌上既有动物花型又有植物花型，应将动植物花型间隔摆放，做到突出主位，高低均匀，错落有致。

步骤 3：摆放调整

摆放餐巾花时，要将观赏面朝向宾客席位，适合正面观赏的要将正面朝向宾客，适合侧面观赏的要选择一个最佳观赏角度摆放。餐巾花不能遮挡台上用品，不能影响服务操作。

三、注意事项

1. 操作卫生，装杯、取杯时应拿杯子的下半部位。

2. 托盘姿势，托盘姿势正确，不搁臂，不碰胸、腰，操作时托盘要拉开、端稳，行走轻松自然。

相关链接

餐厅布件的洗涤和保养

1. 冲洗

利用水和机械作用力，把被洗织物上的水溶性污垢冲离织物，为主洗去污奠定良好的基础，对于中、重污垢的洗涤一般要采用冲洗步骤。

2. 预洗

预洗是加入适量洗涤剂的一个预去污过程。对于特别严重的污垢，预洗是必选的步骤。预洗一般可安排在冲洗步骤之后，也可以不冲洗直接预洗。

3. 主洗

此过程是以水为介质，以洗涤剂的物理化学作用、洗衣机的机械作用和适当的洗涤剂浓度、温度，足够的作用时间等因素密切配合，组成一个合理的洗涤去污环境，来实现去污目的。

4. 漂白

此过程是主洗去污的补充步骤。主要去除主洗步骤中不能完全去掉的色素类污垢。在这个步骤中主要使用氧化性漂白剂（氯漂粉）。

5. 清洗

清洗是一个扩散过程，让织物中残存的含有污垢的洗涤剂成分向水中扩散。在这过一程中可以施以一定的温度。用水使洗涤剂浓度迅速降低，从而达到清洗目的。

6. 中和

洗涤中通常使用的洗涤剂为碱性，虽然经过多次清洗，也不能保证没有任何碱性成分存在，碱性物的存在对洗涤物的外观、手感都会造成一定的影响。利用酸与碱发生中和反应，就可以解决这些问题。

7. 柔软

属于后处理过程，不是去污过程。柔软处理能使织物手感舒适，同时能防止静电产生，在织物内部能起到润滑作用，防止纤维相互之间紧紧纠缠在一起而发硬。

8. 上浆

上浆主要针对餐厅的台布、餐巾、某些制服等棉制品或混合纤维织物，上浆后能使被浆织物表面挺括，防止起毛；同时在被浆织物表面结成一层浆膜，对污垢渗透有一定的阻碍作用，便于下次洗涤。

9. 脱水

利用洗衣机滚筒高速旋转时产生的离心力，使滚筒内织物含水量最大限度地降低。对于纤细织物、毛织物、灯芯绒、针织品、有饰物品衣物等不宜高速脱水，应选择中速脱水，在短时间内进行。

思考题

1. 比较西餐早餐台和午餐台物品摆放的区别。
2. 餐巾花摆放的要求有哪些？
3. 西餐常用的餐酒具有哪些？
4. 中餐宴会工作台的作用有哪些？
5. 叙述餐巾折花“翘尾鸟”使用了哪些折叠技法？
6. 中餐宴会摆台要注意哪些事项？
7. 运用餐巾花应遵循哪些原则？

第2章 接待服务

第1节 礼 仪 接 待

学习目标

➢了解餐厅迎宾员工作知识

➢掌握餐位安排要领

➢能判断不同宾客类型并针对需求安排席位

➢能够掌握餐厅礼仪接待的操作技能

知识要求

一、餐位安排知识

酒店服务人员需要与各种类型的客人打交道，如果具备了察言观色的能力，就能迅速从客人的举止谈吐神态中判断出客人的类型，然后根据客人的特征提供针对性服务。酒店服务人员应重视在日常工作中培养自己待人处事的技巧。一名优秀的服务人员在招待服务工作中能迅速正确地理解客人，处理事情能通情达理、有智有谋。为了能向客人提供针对性的服务，必须了解不同类型的客人的基本需求，客人的类型与针对性服务。饭店的客人基本上可以分为商务型客人和娱乐型客人两大类，这样就可以有针对性地引导客人。

1. 中餐餐位安排

中餐以“坐”为先，以北为上，讲究位序，一般规定如下：

（1）左低右高

当两人一同并排就座时，通常以右为上座，以左为下座。这是因为中餐上菜时多以顺时针为上菜方向，居右者因此比居左者优先受到照顾。

（2）中座为尊

三人一同就餐时，居中坐者在位次上要高于在其两侧就座之人。

（3）面门为上

倘若用餐时，有人面对正门而坐，有人背对正门而坐，依照礼仪惯例，面对正门者为上坐，背对正门者为下座。

（4）观景为佳

在一些高档餐厅用餐时，其室内外往往有优美的景致或高雅的演出供用餐者观赏，此时以观赏角度最佳处为上座。

（5）临墙为好

在某些中低档餐厅用餐时，为了防止过往侍者和食客的干扰，通常以靠墙之位为上座，靠过道之位为下座。

（6）临台为上

厅内若有专用的讲台时，应该以靠讲台的餐桌为主桌；如果没有专用讲台，有时候以背邻主要画幅的那张餐桌为主桌。

（7）各桌同向

如果是宴会场所，各桌子上的主宾位都要与主桌主位保持同一方向。

（8）以远为上

当桌子纵向排列时，以距离宴会厅正门的远近为准，距门越远，位次越高贵。

2. 西餐餐位安排

西餐是饮食形式的一个类型，通俗地讲，是以吃喝为主题的一种进餐方式。原则上男主宾（gentleman of honor）坐在女主人（hostess）右边，女主宾（lady of honor）坐在男主人（host）右边，而且多半是男女相间而坐，夫妇不坐在一起，以免各自聊家常话而忽略与其他宾客间的交际。用中餐时，用餐者经常可能与熟人，尤其与恋人、配偶在一起就座。但在用西餐时，这种情况便不复存在了。正式一些的西餐宴会，一向被视为交际场合，所以在排列位次时要遵守交叉排列的原则。依照这一原则，男女应当交叉排列，生人与熟人也应当交叉排列。

二、迎宾工作规范

在迎宾工作之中，要进行必要的先期准备，以求有备而行，有备无患。

1. 掌握基本状况

（1）宾客简况

一定要充分掌握迎宾对象的基本状况，来宾尤其是主宾的个人简况。例如，姓名、性别、年龄、籍贯、民族、单位、职务、职称、学历、学位、专业、专长、偏好、著述、知名度等。必要时，还需要了解婚姻、健康状况以及政治倾向与宗教信仰。在了解来宾的具体人数时，不仅要务求准确无误，而且应着重了解对方由何人负责、来宾之中有几对夫妇等。还要了解来宾此前有无正式来访的记录。如果来宾，尤其是主宾此前曾来进行过访问，则在接待规格上要注意前后协调一致。无特殊原因时，一般不宜随意在迎宾时升格或降格。来宾如能报出自己一方的计划，例如，来访的目的、来访的行程、来访的要求等，在力所能及的前提之下，应当在迎宾活动之中兼顾来宾一方的特殊要求，尽可能地对对方多加照顾。

（2）抵达时间

要预先由双方约定清楚，并在来宾启程前后再次予以确认，迎接人员要提前到达迎宾地点。

（3）抵达地点

1）交通工具停靠站。例如，机场、码头、火车站、长途汽车站等。

2）来宾临时下榻之处。例如，宾馆、饭店、旅馆、招待所等。

3）东道主一方用以迎宾的常规场所。例如，广场、大厅等。

4）东道主的办公地点门外。例如，政府大院门口、办公大楼门口、办公室门口、会客厅门口等。

前三类地点多用以迎接异地来访的客人，其中广场主要用以迎接贵宾。第四类地点也就是办公地点门外，则大多用以迎接本地来访的客人。

2. 制订迎接计划

制订详细迎接来宾计划，可避免接待工作疏漏，减少波折，确保接待工作顺利进行。一般情况下，迎接计划包括迎送方式、交通工具、膳宿安排、工作日程、文娱活动、游览、会谈、会见、礼品准备、经费开支以及接待、陪同人员等各项基本内容。

单就迎宾而言，接待方应有备在先。最为重要的有 5 项内容，即迎宾方式、迎宾人员、迎宾时间、迎宾地点和交通工具。

迎宾方式是迎接计划中的重要环节，应考虑到要不要搞迎宾活动、如何安排迎宾活动、怎样进行好迎宾活动。一定要精心选择迎接来宾的迎宾人员，数量上要加以限制，身份上要大致相仿，职责上要划分明确。在迎宾工作中，现场操作进行得是否得当，乃是关键的一环。

3. 确认身份

通常有以下 4 种方法可以迅速确定顾客的身份，在方便、务实的前提下，可以交叉使用这 4 种确认来宾的方法。

（1）使用接站牌

使用接站牌时，牌子要正规、整洁，字迹要大而清晰。不要随便用纸乱写。尽量不要用白纸写黑字，以免让人感到晦气。接站牌的具体内容，有 4 种主要写法：一是“热烈欢迎某某同志”，二是“热烈欢迎某单位来宾的光临”，三是“某单位热烈欢迎来宾莅临指导”，四是“某单位来宾接待处”。

（2）使用欢迎横幅

可以通过广告公司制作横幅，一般冠以“热烈欢迎×××先生下榻本酒店”，尽可能使用红底黄字。

（3）使用身份胸卡

身份卡一般有姓名、照片和标号内容，常见的身份卡如图 2—1 所示。

（4）自我介绍

当接到客人时，应主动向客人进行自我介绍，一般为：“先生，你好！我是×××，代表××××迎接您。”

4. 施礼

在迎宾之时向来宾施礼、致意，要做到与来宾热情握手，与来宾主动寒暄，对来宾有问必答，为来宾服务周到。

接到来宾后，在步出迎接地点时，迎宾人员应主动为来宾拎拿行李。不过，对于来宾手中的外套、提包或是密码箱，则没有必要为之代劳。

5. 来宾引导

来宾的引导，指的是迎宾人员在接待来宾时，为之亲自带路，或是陪同对方一道前往目的地。在一般情况下，负责引导来宾的人员多为来宾接待单位的接待人员、礼宾人员、专门负责此事者，或是接待方与来宾对口单位的办公室人员、秘书人员。引领要注意以下问题：

（1）在宾主双方并排行进时，引导者应主动在外侧行走，而请来宾行走于内侧。若三人并行时，通常中间的位次最高，内侧的位次居次，外侧的位次最低。宾主之位此时可酌情而定。

（2）在单行行进时，循列应由引导者行走在前，来宾行走于后，以便由前者为后者带路。在出入房门时，引导者须主动替来宾开门或关门。此刻，引导者可先行一步，推开或拉开房门，待来宾首先通过。随之再轻掩房门，赶上来宾。

（3）出入无人控制的电梯时，引导者须先入后出，以操纵电梯。出入有人控制的电梯时，引导者则应后入先出，这样做主要是为表示对来宾的礼貌。

（4）出入轿车。如果引导者与来宾出行，宾主不同车时，一般应引导者座车在前，来宾座车居后；宾主同车时，则大都讲究引导者后登车、先下车，来宾先登车、后下车。

（5）在引导来宾时，切勿一味沉溺于高谈阔论，免得令来宾走神，出现“闪失”。

三、团队宾客的特点

3个（包含3个）以上的人就可以构成团队。在餐饮接待中，团队宾客的人数少则三五人，多则几十人甚至上百人，有旅游团队、商务团队、会议团队等，不管团队的人数多少，都有以下共同的特点。

1. 就餐人数多且固定

旅游团或参加会议的客人，少则十几人，多则几十人甚至上百人，有时几个团队同时进餐，人数较多。由于每个团体的人数变化不大，因此就餐人数变化不大。

2. 就餐时间相对集中

旅游团体或会议都是按照事先安排好的日程进行活动，所以就餐时间较固定。到了开餐时间，客人就集中到餐厅就餐，要求迅速服务。这一点与零点零散客人或宴会的要求有所不同，要集中人力、物力做好餐前的服务工作。

3. 就餐标准及菜式统一

无论是旅游团体还是会议团队，就餐的标准和菜式均在餐前由团队领队与酒店商定。每天的用餐标准相对固定，每餐的菜式基本统一。

4. 人数多且口味差别大

餐厅只能根据包餐客人的国籍、地区、职业、年龄等特点制定菜单，照顾到大多数客人的口味和要求。对个别特殊的客人作特殊情况处理。团体包餐虽每餐菜式不多，但仍应想方设法变换花色品种，确保餐食质量，最大限度地满足客人的普通要求和特殊要求。

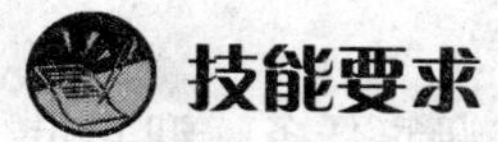

技能要求

引领宾客入座

一、操作准备

1. 场地

酒店情景：中餐厅

2. 物品

餐厅预订簿、留座卡、餐区广告牌和告示牌、迎宾台电话、相关文具。

二、操作步骤

技能 1　散客引领入座

客人入厅，迎宾。

1. 微笑并欠身行礼

迎宾员按规定着装。立于指定位置，站姿优雅，不得倚靠门或其他物体。有客人到达时，面带微笑迎上前，向客人行 30°鞠躬礼，并向客人问好和表示欢迎。

2. 礼貌询问

询问是否预订或进餐人数，站在客人对面礼貌询问。询问客人是否预订，对所有预订的客人须查对预订资料，对已抵达之客人需注明。之后询问客人人数："先生/小姐，请问几位?"

3. 引领入座

走在客人的右前方 1 m 处，右手向行进的方向做出请的手势："先生/小姐，这边请!"行走速度要合适，并注意回头观察客人是否跟上了，遇到转弯时要向客人示意并略作停留，等客人走近后再继续前行。

引领时手臂伸直，手指自然并拢，掌心向上，以肘关节为轴指向目标，声音要亲切、温和，音量适中。

4. 拉椅让座

到达了餐桌边后应先征询客人意见迎宾："先生/小姐，请问这个位置您满意吗?"客人对餐桌表示满意后，迎宾员双手轻拖椅背，拉椅示意客人入座，然后右手将椅前移至客人舒适为止。

5. 迎宾结束

一般情况下，迎宾员（领位人员）在为客人入座后即完成迎宾任务，迎宾员（领位人员）要祝客人用餐愉快，并与值台服务员交接。

技能2　团队客人引领入座

引领团队客人入座与散客的迎接程序基本一致，但要注意以下服务细节：

1. 微笑，欠身行礼

面带微笑，姿势端正，站立时抬头挺胸、收腹、两手交叉至腹前。行走时脚向前迈步，步伐均匀，速度要快，手臂自然摆动，主动热情问候客人，并询问客人是否预订。

2. 礼貌询问

（1）礼貌询问团队人数。

（2）询问团队负责人（领队）。

（3）了解团队的就餐需求和细节。

3. 引领入座

要求除与散客相同外，引领时要注意团队行走的速度，关注团队中的老人、儿童等特殊宾客。

4. 配合分位

主动配合主人分配座位，并尽可能为客人拉椅让座，优先为主宾拉椅子让座。

5. 引领结束

待客人全部入座后，与餐厅服务员交接，并礼貌祝各位用餐愉快。

三、注意事项

1. 要正确判断团队中的主人身份。

2. 引领行走过程中要注意根据不同的客人，与客人的行走速度协调。

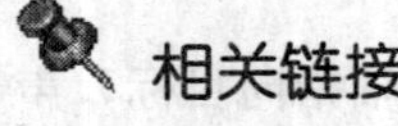

相关链接

不同地区的餐位安排风俗

中餐的席位排列，关系到来宾的身份和主人给予对方的礼遇，所以是一项重要的内容。中餐席位的排列，在不同情况下，有一定的差异，可以分为桌次排列和位次排列两方面。

1. 桌次排列

在中餐宴请活动中，往往采用圆桌布置菜肴、酒水。排列圆桌的尊卑次序，有两种情况。第一种情况，是由两桌组成的小型宴请。这种情况，又可以分为两桌横排和两桌竖排的形式。当两桌横排时，桌次是以右为尊，以左为卑。这里所说的右和左，是由面对正门的位置来确定的。当两桌竖排时，桌次讲究以远为上，以近为下。这里所讲的远近，是以距离正门的远近而言。第二种情况，是由3桌或3桌以上的桌数所组成的宴请。在安排多桌宴请的桌次时，除了要注意“面门定位”“以右为尊”“以远为上”等规则外，还应兼顾其他各桌距离主桌的远近。通常，距离主桌越近，桌次越高；距离主桌越远、桌次越低。

在安排桌次时，所用餐桌的大小、形状要基本一致。除主桌可以略大外，其他餐桌都不要过大或过小。

2. 位次排列

(1) 位次排列方法

宴请时，每张餐桌上的具体位次也有主次尊卑的分别。排列位次的基本方法有四条，它们往往会同时发挥作用。

方法一：主人大都应面对正门而坐，并在主桌就座。

方法二：举行多桌宴请时，每桌都要有一位主桌主人的代表在座。位置一般和主桌主人同向，有时也可以面向主桌主人。

方法三，各桌位次的尊卑，应根据距离该桌主人的远近而定，以近为上，以远为下。

方法四：各桌距离该桌主人相同的位次，讲究以右为尊，即以该桌主人面向为准，右为尊，左为卑。

另外，每张餐桌上所安排的用餐人数应限在10人以内，最好是双数。比如，6人、9人、10人。人数如果过多，不仅不容易照顾，而且也可能坐不下。

根据上面四个位次的排列方法，圆桌位次的具体排列可以分为两种具体情况，它们都与主位有关。

第一种情况：每桌一个主位的排列方法。特点是每桌只有一名主人，主宾在右首就座，每桌只有一个谈话中心。

第二种情况：每桌两个主位的排列方法。特点是主人夫妇在同一桌就座，以男主人为第一主人，女主人为第二主人，主宾和主宾夫人分别在男女主人右侧就座。每桌从而客观上形成了两个谈话中心。

如果主宾身份高于主人，为表示尊重，也可以安排在主人位子上坐，而请主人坐在主宾的位子上。

为了便于来宾准确无误地在自己位次上就座，除招待人员和主人要及时加以引导指示外，应在每位来宾所属座次正前方的桌面上，事先放置醒目的个人姓名座位卡。举行涉外宴请时，座位卡应以中、英文两种文字书写。我国的惯例是，中文在上，英文在下。必要时，座位卡的两面都书写用餐者的姓名。

(2) 位次排列原则

排列用餐的席位时，如果需要进行桌次的排列，可以参照宴请时的桌次排列。位次的排列，遵循以下四个原则。

一是右高左低原则。两人一同并排就座，通常以右为上座，以左为下座。这是因为中餐上菜时多以顺时针方向为上菜方向，居右坐的因此要比居左坐的优先受到照顾。

二是中座为尊原则。三人一同就座用餐，坐在中间的人在位次上高于两侧的人。

三是面门为上原则。用餐的时候，按照礼仪惯例，面对正门者是上座，背对正门者是下座。

四是特殊原则。高档餐厅里，室内外往往有优美的景致或高雅的演出，供用餐者欣赏。这时候，观赏角度最好的座位是上座。在某些中低档餐馆用餐时，通常以靠墙的位置为上座，靠过道的位置为下座。

第 2 节　出品介绍

学习目标

➢了解菜点中的营养成分

➢掌握菜点营养特点和典故

➢能够为客人介绍菜点，形成出品介绍的操作能力

知识要求

一、菜肴典故概述

中国菜具有悠久的历史，许多菜肴的产生与当时的创造人、区域文化、现实生活、地域特征、历史事件等有着直接或间接的联系，菜肴典故成为中国饮食文化的重要组成部分。通过典故介绍，能够提升食客对菜肴历史的了解，增添饮食过程的文化氛围和乐趣，提升了餐饮服务的档次。

菜肴典故一般分为起源和传说。起源分为人物相关和事件相关两种。人物起源典故指菜肴与菜肴的发明人或者与历史名人等相关故事，如浙江的东坡肉、江苏中山饼、四川的麻婆豆腐等。事件起源典故是指菜肴的形成和流传过程中与某一个重大事件有直接或者间接的关系，因而形成的故事，如千叟宴，始于康熙，盛于乾隆时期，是清宫中的规模最大，与宴者最多的盛大御宴。康熙五十二年在阳春园第一次举行千人大宴，康熙帝席赋《千叟宴》诗一首，固得宴名。传说典故，是菜肴典故中最丰富的一类，我国劳动人民在劳动生活过程中留下了丰富的传说，这些传说是劳动人民向往美好生活的真实写照，如江苏名菜无锡肉骨头就有丰富、精彩的传说。

1. 起源

这一类的菜肴典故通常是根据菜肴的名称编撰出来的。

如“贵妃醉鸡”，据传在唐朝天宝年间，唐玄宗李隆基宠信贵妃杨玉环，两人常常结伴饮酒，终日歌舞，感情十分融洽。但有一日，杨贵妃在宫中的百花亭里设宴想与李隆基共进午餐，然而李隆基却被另一个妃子缠住，无法到来。杨玉环一人闷闷不乐，于是就在亭子里喝闷酒。御厨们为了给杨玉环排遣郁结，就精心准备了一道佳肴，在鸡汤中特别加入了一些葡萄酒，使得鸡汤带有葡萄的幽香，而使鸡肉也更加鲜嫩。杨玉环品尝了这道菜之后，大加赞赏，不禁边喝美酒边品尝起这道佳肴，不知不觉中，有了醉意的杨玉环卧在花丛中，于是就留下了“贵妃醉酒”的美丽传说，而这道“醉鸡”也因为杨玉环而得名流传开来。

2. 传说

传说类的菜肴典故是根据一些历史传说演变而来的。

如“元宝肉”的典故，据说出身湖北监利的朱才哲，为人正直、为官清廉。在清道光年间出任台湾府宜蓝县令时，深得民心，后曾任台湾道台，台湾百姓称他为“朱青天”。他在台湾度过了 32 个春秋，于同治二年 72 岁时告老返乡。离台启程那一天，百姓送来大箱小包的礼品，可清廉刚直的朱才哲一一谢绝，最后只留下 32 口空木箱。开船那天，百姓搭起 40 里供帐，洒泪相送。当船在海上航行了 3 个小时以后，发现有几条小船尾随疾驶，原来是新任道台带人追索那 32 口木箱。新任道台以小人之心，度忖箱内一定装有朱才哲 30 多年来的私房积蓄，不然船何以如此沉重！追上之后，对朱才哲讥笑说：“有道是‘三年清知府，十万雪花银’呀！”朱才哲明白他的来意，说道：“如果箱内不是金银怎么办?”新任道台回答说：“如不是金银，情愿开一箱赔两箱元宝。”于是朱才哲命人抬了一口箱子当众打开，原来不是什么金银财宝，全是大大小小的鹅卵石。新道台并不甘心，亲自选了两箱底朝天倒在舱里，还是鹅卵石。朱才哲还要再开箱时，新道台满脸惭愧地说：“耳听是虚，眼见为实。朱大人果然是两袖清风，名不虚传哪！但不知装这么多鹅卵石回乡有什么用?”朱才哲答道：“船行大海常遇风浪，若是空船，易被风浪掀翻，因而以石压船，船才稳当。此外这些鹅卵石运回家乡又可以分给儿孙及乡邻学生作镇纸之用，让他们刻苦攻读，也算我在台湾 30 多年的纪念。”新道台听后，脸越发烧得厉害，羞愧地说：“我开了的箱子，愿实行诺言，赠装元宝。”朱才哲答道：“大人不必破财，你出钱赔偿，还不是出自台湾的民脂民膏！”又说，“我看不是道台失礼，是我辞行不周，今天你带人前来送行，我倒要向你道歉。”说完即命家厨用鸡蛋煮肉送上，并说这是家乡上等佳肴。新道台感动不已，表示一定要借这真正的“元宝肉”激励自己廉洁治政。从此“元宝肉”这一菜肴传遍台湾，台湾人民也更加怀念朱才哲，为念其公德，还修建了一座“朱公庙”。

再如“莲蓬豆腐”“荷叶粉蒸肉”这两道菜，据传清朝嘉庆年间的东阁大学士、太子少保刘镛，听说苏州黄天荡的荷花特别好看，便特意来到苏州观赏。地方官员百般逢迎，弄来一条大船，四周插上柳条、鲜花，配备了弦管竹笙。游船开到了黄天荡，只见一片荷海，一眼望不到边。白里泛红的荷花、绿缎似的荷叶格外高雅清香；莲蓬随风摇摆，菱盘水面漂移，使人心旷神怡。刘镛看得眼花缭乱，赞不绝口。本来，船上已备好丰盛的饭菜，然而，刘镛玩得开心，触景生情，竟提出："今日之菜，要有荷塘特色。"他这么一说，可难坏了几个厨师。那该怎么个弄法呢？几个人一合计，倒也做出了荷叶粉蒸肉和菱肉豆腐羹这两道佳肴。为了把豆腐羹做得像莲蓬样子，便将豆腐、肉末、虾仁、干贝加上调料打成糊，放进一只小碗里，表面嵌上一粒粒的青豆代替莲蕊。待熟后取下倒出，便成莲蓬形状，故取名为莲蓬豆腐。荷叶粉蒸肉，则用清香新鲜的荷叶，裹着精选的肉块清蒸，味道当然也是绝佳。刘镛吃了这两道菜，不住地点头赞赏说："苏州厨师真会动脑子，既做出了色香味，又符合了时令，有本地特色。"于是，莲蓬豆腐、荷叶粉蒸肉就出了名。

二、菜点营养成分

人体所需要的能量和营养素主要是从食物中获得的。人类可食用的食材达数百种，通常可根据来源分为植物性食物和动物性食物。植物性食物一般包括谷类、豆类、蔬菜类、水果类等，动物性食物通常可分为禽畜肉类、水产类、蛋类、乳类等。前者为人体提供能量、蛋白质、碳水化合物、脂类及大量的维生素和矿物质，后者通常提供优质的蛋白质、脂类、脂溶性维生素和矿物质等。

1. 谷类的主要营养成分

谷类是我国人民的主食，在膳食中具有重要的地位。它是人体能量的主要来源，膳食中 66%的能量、58%的蛋白质来自谷物，同时还能供给较多的矿物质与 B 族维生素。谷类主要包括大米、小麦、玉米、高粱等。

（1）谷物中所含的营养成分

蛋白质：谷物中蛋白质的含量一般在 7%～12%，其中荞麦、小米、小麦中蛋白质含量较高。

脂类：谷类中脂肪含量最高的是小麦胚粉，其次是荞麦、玉米和小米等。谷类中的脂类多为不饱和脂肪酸，质量较好。

碳水化合物：谷类中碳水化合物的含量是最为丰富的，基本含量都在 70%以上。特别是稻米中的碳水化合物最高。

维生素：谷物中的维生素主要是 B 族维生素，由于谷物的维生素主要是分布在糊粉层和谷胚中，因此，谷物加工越细，维生素的流失也越多。

矿物质：谷物中含有钙、磷、钾、钠、镁及一些微量元素，谷物中矿物质和维生素一样，也大量分布在谷皮和糊粉层中。

(2) 常见谷物的营养功效

大米：大米是我国居民不可或缺的食物，大米中含有蛋白质、脂肪、碳水化合物等营养素，也富含其他微量元素。大米可以补中益气、止烦消渴、止泻健脾。但由于普通稻米缺乏维生素 A、维生素 C 和碘等人体必需的营养素，因此需要通过搭配蔬菜来平衡营养。

玉米：玉米可以增强人的体力和耐力，刺激胃肠蠕动，防治肠炎、便秘、肠癌等疾病。经常食用玉米还可以预防和治疗心血管疾病。此外，从玉米胚中提炼出来的玉米油是一种优质油，含有丰富的维生素 E，能软化血管，减轻动脉硬化，使血管保持良好状态。

小麦：小麦的主要成分是蛋白质、淀粉、氨基酸、B 族维生素和面筋，富含蛋白质、氨基酸、碘和其他矿物质元素，可以防止心血管病、骨质疏松等。我国居民在食用小麦时通常是将其磨制成面粉。但长期食用精面粉会引起某些营养素特别是维生素 B 的缺乏，导致脚气病。

小米：小米是谷子去皮后的颗粒状粮食，含有丰富的蛋白质、脂肪、粗纤维、维生素、淀粉等，因此在我国历来就有“五谷杂粮，谷子为首”的说法。小米色泽呈乳白或淡黄，能滋养肾气、健脾胃、清虚热，对各种炎症、高血压、高血脂等疾病具有一定的预防和抑制作用。

燕麦：燕麦原本是谷类作物的田间杂草，直到战国时期才被培育为农作物。燕麦的主要成分有淀粉、蛋白质、脂肪、氨基酸、脂肪酸，还含有维生素 B_1、维生素 B_2、少量的维生素 E、钙、磷、铁及谷物独有的皂甙等。燕麦能补虚止汗、养胃润肠、健脾益气，是老年人理想的食品。

高粱：高粱营养丰富、用途广泛。自古就有“五谷之精”“百谷之长”的盛誉。它含有蛋白质、脂肪、碳水化合物、钙、磷、铁、赖氨酸等，能和胃健脾、补气止泻，可用来防治消化不良、湿热下痢、积食、小便不利等多种疾病。

2. 豆类及其制品的主要营养成分

豆类通常可分为大豆类和其他豆类。大豆类按其种皮的颜色又可细分为黄豆、黑豆、青豆、褐豆及双色大豆 5 种。其他豆类是指蚕豆、豌豆、绿豆、小豆等。

豆制品是以各种豆类为主要原料，经加工而成的食品。大多数豆制品是由大豆的豆浆凝固而成的豆腐及其再制品。豆制品主要分为两大类，即发酵性豆制品和非发酵性豆制品。发酵性豆制品以大豆为主要原料，经微生物发酵而成，如腐乳、豆豉等。非发酵性豆制品是以大豆或其他杂豆为原料制成的豆腐，或豆腐再经加工制成的其他制品，如豆腐丝、豆腐皮、腐竹等。豆类及其制品的主要营养成分有：

（1）蛋白质

豆类中含有大量的蛋白质，为 20%～36%，其中大豆含量最高，在 30%以上。但豆制品的蛋白质含量差别较大，如豆腐干、素鸡等可达 16%～20%，低的如豆浆、豆腐脑只有 2%左右。

（2）脂类

豆类中脂肪含量最高的是大豆类，含量一般在 15%以上。豆制品的脂肪含量也有较大差别，豆腐及豆腐干含量较高，豆浆等含量较低。豆类中大豆富含不饱和脂肪酸，因此是高血压、动脉粥样硬化等疾病患者的理想食物。

（3）碳水化合物

碳水化合物含量最高的是其他豆类，一般可达 65%左右，大豆类次之，约 34%，而豆制品中碳水化合物含量较低。大豆类碳水化合物的组成较为复杂，多为纤维素和可溶性糖，在体内较难消化，因此容易产生肠胀气。其他豆类的碳水化合物主要是以淀粉形式存在，含有少量的糖类，因此食之有甜味。

（4）维生素

豆类中含有胡萝卜素、维生素 B_1、维生素 B_2、维生素 E 等。特别是在一些种皮颜色较深的豆类中，胡萝卜素的含量较高。

（5）矿物质

豆类中含钾、钠、镁、钙、铁等矿物质，含量在 2%～4%，特别是大豆中铁的含量较为丰富。

由于豆类及其制品所含人体必需氨基酸与动物蛋白相似，却不含胆固醇，因此，肥胖、动脉硬化、高脂血症、高血压、冠心病等患者可多吃豆类和豆制品。但对健康群体而言，营养来源单一是不可取的，豆制品可以作为蛋白质的来源之一。

3. 蔬菜类的主要营养成分

蔬菜中含有大量水分，一般达到 70%～90%，并含有多种矿物质、维生素和食物纤维，在人体的生理活动中起重要作用。

科学家在对多种蔬菜营养成分进行分析后，发现蔬菜的营养价值与其颜色密切相关。颜色深的通常营养价值高，颜色浅的营养价值低，其排列顺序是“绿色蔬菜>黄色，红色蔬菜>无色蔬菜”。即使同类蔬菜，由于颜色不同，其营养价值也不同，如黄色胡萝卜比红色胡萝卜营养价值高。而同一株菜的不同部位，由于颜色不同，其营养价值也不同，如大葱的葱绿部分比葱白部分营养价值要高得多。

（1）叶菜类

叶菜类主要包括韭菜、白菜、苋菜、菠菜、油菜等，是无机盐和维生素的重要来源。在这类蔬菜中尤以绿色叶菜为代表，含有较多的胡萝卜素、维生素 C，并含有一定量的维生素 B_2，同时还含有较多的钙、磷、钾、镁及微量元素，且钙、磷、铁的吸收和利用较好。但也有一部分蔬菜（如菠菜、苋菜、空心菜）因含有较多的草酸，与钙结合后形成不溶性草酸钙，不能被人体吸收，因此在食用之前应用水烫一下，除去草酸。

（2）根茎类

根茎类主要包括萝卜、藕、山药、芋头、马铃薯、葱、蒜等，是介于粮食与蔬菜之间的食物。如马铃薯、甘薯、芋头等淀粉含量较多，可供给较多的热量，但其蛋白质、无机盐和维生素的含量则相对较低。但带有红黄颜色的胡萝卜、红薯等是胡萝卜素的良好来源。

（3）瓜茄类

瓜茄类主要是指冬瓜、南瓜、丝瓜、黄瓜、西红柿、辣椒等食物。这类蔬菜由于水分含量较高，因此营养价值比较低。但其中大部分在夏秋季节上市，所以在绿叶菜较少的季节，是提供无机盐与维生素的来源。其中南瓜、西红柿、辣椒中胡萝卜素含量为最高，辣椒、苦瓜中维生素 C 含量较高，西红柿是人体维生素 C 的良好来源，辣椒中还含有丰富的铁、锌等，营养价值较高。

（4）鲜豆类

主要是指毛豆、四季豆、扁豆等。与其他蔬菜相比，鲜豆类营养价值较高。蛋白质含量在 2%～14%，胡萝卜素含量普遍偏高，并含有丰富的钾、钙、铁、锌等。

（5）菌藻类

菌藻类通常包括食用菌类和藻类。食用菌是可供人食用的真菌，分为野生菌与人工栽培菌两类。藻类是指无胚、自养、以孢子进行繁殖的低等植物，如海带、紫菜等。菌藻类含有丰富的蛋白质、膳食纤维、碳水化合物、维生素及微量元素，是烹调菜肴的佳品，同时有些种类还有一定的保健作用和药用价值。

4. 水果类的主要营养成分

水果类可分为鲜果、干果和坚果。鲜果即日常所说的水果，有着鲜艳的色泽、浓郁的果香、甜美的味道。干果是新鲜水果经过加工晒干制成的，如葡萄干、蜜枣、柿饼等。坚果是以种仁为食用部分，因外裹硬壳，因此称为坚果。水果类食物可以为人体提供丰富的营养物质，《黄帝内经》中就有“五谷为养，五果为助，五畜为益，五菜为充”的说法。

水果类的营养成分和营养价值与蔬菜较为类似，是人体维生素和矿物质的重要来源之一。各种水果普遍含有较多的糖类和维生素，而且还含有多种具有生物活性的特殊物质，因而具有较高的营养价值和保健功能。不同类型水果具有不同的营养成分：

（1）鲜果及干果类

鲜果水分含量较多，因此营养素含量相对较低。新鲜水果中蛋白质、脂肪的含量极少，约为 1%。鲜果中无机盐的含量也较少，只含有少量的钙、铁、磷、铜等。但鲜果维生素 C 的含量非常丰富，味道越酸，维生素 C 的含量越高。红黄色水果如橘、柑等含胡萝卜素较多。

干果由于经过加工，维生素，特别是维生素 C 损失较多。但由于干果风味独特，因此较有食用价值。

（2）坚果类

坚果通常按照脂肪含量的不同，可分为油脂类坚果（如核桃、榛子、杏仁、松子、腰果、花生、西瓜子、葵花子等）和淀粉类坚果（如栗子、银杏、莲子等）。坚果中蛋白质的含量通常较高，在 12%～22%之间；同时脂肪含量也较高，大都在 40%左右，因此能量也较高，脂肪中多为不饱和脂肪酸，是优质的植物性脂肪。坚果中无机盐的含量较多，且富含 B 族维生素及维生素 E。

5. 畜禽肉类的主要营养成分

畜禽肉类包括畜肉（如猪肉、牛肉、羊肉等）及禽肉（包括鸡、鸭、鹅肉等）。

（1）畜禽肉类中所含的营养成分

蛋白质：大部分存在于动物肌肉之中，其含量为 10%～20%，是优质蛋白。营养价值较高，含人体所需的各种必需氨基酸，尤其富含一般植物性食品中所缺少的赖氨酸、苏氨酸、蛋氨酸等。同时肉皮中也含有少量的蛋白质，主要成分是胶质，营养价值不高，但可以利用它与豆类混合食用而提高蛋白质的营养价值。

脂类：畜禽肉类中，脂肪含量因品种、饲养年限、肥瘦程度等的不同，呈现较大差异，在 2%～89%之间。动物脂肪所含有的必需脂肪酸明显低于植物脂肪，因此营养价值低于植物脂肪。其中畜肉脂肪中饱和脂肪酸含量较多，主要是棕榈酸和硬脂酸，禽肉脂肪含有丰富的亚油酸，其量约占脂肪总量的 1/5，因此禽类脂肪所含的必需脂肪酸要高于畜类脂肪。

碳水化合物：肉类中碳水化合物含量很低，一般为 0.3%～0.9%，主要以糖原形式存在，还含有少量的葡萄糖和果糖。

维生素：肉类可以提供多种维生素。瘦肉是 B 族维生素的良好来源，特别是维生素 B_1，维生素 D 和维生素 C 很少。动物内脏中，肝脏是动物组织中各种维生素含量最丰富的器官，心、肾除含蛋白质外也含有多种维生素。

矿物质：肉类中矿物质含量一般是在 0.8%～1.2%之间。含钙较少，含铁、磷较多。肝在动物内脏中营养价值最高，含有磷、硫、钙、铁、铜等，肾脏中含铁较高。瘦肉中矿物质的含量要明显高于肥肉。

(2) 常见畜禽肉类的营养功效

猪肉：猪肉含蛋白质比牛肉、羊肉低，脂肪比牛肉、羊肉高约 2.5 倍，胆固醇含量也略高于牛羊肉。味苦性微寒，能补肾气、解热毒。

牛肉：牛肉味甘性温，含有蛋白质、脂肪、钙、磷、铁，维生素 B_1、B_2、B_3（烟酸），维生素 A 等。能够安中益气、补脾胃、壮腰腿、消渴止唾涎。

羊肉：羊肉因含有优质蛋白质、脂肪、无机盐、磷、铁，以及维生素 B、A 等，历来被用做补阳佳品。它能温补气血、开胃健脾、益胃气、补形衰。

鸡肉：鸡肉富含蛋白质、脂肪、钙、磷、铁，还有维生素 B_1、B_2 等。有温中、益气、补虚之功。且其脂肪多含不饱和脂肪酸，是老年人及心血管疾病患者的理想蛋白质肉食品。

鸭肉：鸭肉含蛋白质、脂肪、少量碳水化合物、无机盐及维生素 B。能够滋阴补虚，利尿消肿。

鹅肉：鹅肉含蛋白质、脂肪，维生素 A、B、C，钙、磷等一般营养成分。功能为养阴益气，解铅毒。

6. 蛋类及蛋制品的主要营养成分

蛋类是深受人们欢迎和广泛食用的食品，营养丰富，食用方便。常见的蛋类有鸡、鸭、鹅和鹌鹑蛋等以及加工制成的咸蛋、松花蛋等。其中产量最大，食用最普遍的是鸡蛋。

蛋的营养成分受到禽类的品种、饲料、季节等多方面因素的影响，但总体来说含有丰富的蛋白质、脂肪、卵磷脂、钙、铁等营养物质。

蛋通常由蛋清、蛋黄构成，两者分别约占总可食部分的 2/3 和 1/3。蛋清中营养素主要是蛋白质，不但含有人体所需要的必需氨基酸，且氨基酸组成与人体组成模式接近。全蛋蛋白质几乎能被人体完全吸收利用，是食物中最理想的优质蛋白质。蛋黄和蛋清相比，含有较多的营养成分。钙、磷和铁等无机盐多集中于蛋黄中，还含有较多的维生素 A、D、B_1 和 B_2 等。蛋类含脂肪为 11%～15%，几乎全部集中在蛋黄里，容易为人体消化吸收；同时还含有必需氨基酸和丰富的磷脂、卵磷脂及胆固醇等，这些都是人体生长发育和新陈代谢所不可缺少的。同时铁含量较丰富，高达 6%，但因有卵黄高磷蛋白的干扰，其吸收率只有 3%。

7. 水产类的主要营养成分

水产品是指从水中通过人工捕捞、获取的水产资源。而水产食品则是对水产资源加工而成的可供人类食用的食品。水产品的种类繁多，全世界仅鱼类就有 2.5 万～3 万种，海产鱼类超过 1.6 万种，大都具有丰富的营养价值。可供人类食用、具有营养价值的水产品主要有鱼类、甲壳类、软体类和藻类。

（1）鱼类

鱼类又可分为淡水鱼类（如鲤鱼、鲫鱼等）和海水鱼（如鳕鱼、黄鱼等）。鱼肉中含有优质蛋白质，含量为 15%～20%，按单位质量计算，鱼肉的蛋白质含量超过牛奶和鸡蛋，而且由于鱼肉肌纤维较细短，间质蛋白质较少，组织中水分含量高，所以，显得软而细嫩，较畜禽肉更容易被人体消化，营养价值与畜禽肉近似。

鱼类的脂肪含量与品种、生长季节、部位等有关，其种类不同脂肪含量差别也较大。鱼类脂肪在肌肉组织中含量很少，主要存在于皮下和脏器周围。

鱼类的碳水化合物含量较低，约为 1.5%。碳水化合物主要以糖原形式储存于肌肉和肝脏中。且其含量与致死方式有关，即捕即杀的糖原含量高，挣扎疲劳后死去的糖原含量降低。

鱼油和鱼肝油中富含维生素 A、D，还含有维生素 E。B 族维生素含量较高，维生素 C 含量很低。

鱼类的锌含量极为丰富，钙、钠、氯、钾、镁等含量也较多，其中钙的含量多于禽肉，但吸收率较低。海水鱼钙含量比淡水鱼高。

（2）甲壳类

甲壳类水产品常见的有虾、蟹等。蛋白质含量多在 15%左右，脂肪和碳水化合物的含量较低。维生素含量较高，与鱼类相似。虾、蟹的肉质结构同鱼类一样，为横纹肌。

甲壳类水产品的壳中含有甲壳质。甲壳质是唯一的动物性膳食纤维物质，具有多方面的生理活性，能够降低胆固醇，调节肠内代谢和调节血压的生理功效，并且具有排除体内重金属毒素的作用。

（3）软体动物类

软体动物通常可按其形态不同，分为双壳类和无壳类。双壳类软体动物主要有蛤类、牡蛎、贻贝、扇贝等，无壳类软体动物包括章鱼、乌贼等。

软体动物的营养成分与甲壳类基本相似，且含有动物所需的全部必需氨基酸。矿物质含量丰富，以硒最为突出，其次是锌。在贝类肉质中还含有丰富的牛磺酸，其含量普遍高于鱼类，其中尤以海螺、毛蚶和杂色蛤中为最高。然而，贝类具有富集重金属的能力，因此对被重金属污染水域所产贝类在食用时要格外注意安全。

8. 乳类及其制品的主要营养成分

乳类是指哺乳动物的乳汁，即鲜乳。而经过浓缩、发酵等工艺可制成乳制品，主要包括炼乳、奶粉、酸奶等。

乳类及其制品具有很高的营养价值，除了不含膳食纤维外，几乎含有人体所需要的各种营养素。乳类蛋白是完全蛋白，含有全部的必需氨基酸，能补充谷类蛋白质氨基酸结构的不足。乳类中含有丰富的钙、磷和钾，可补充钙质，促进生长。乳类中维生素 A、B_1 和 B_2 的含量也很丰富，而维生素 C 和维生素 D 的含量较低。

（1）鲜乳

鲜乳可分为初乳、常乳和末乳。初乳是母畜产仔后一周内的乳汁，蛋白质含量较高，色黄而浓厚，有特殊气味，食用价值不高。常乳是产仔一周至断乳前期的乳汁，成分较为稳定，是人们饮用以及加工乳制品的主要原料，奶味温和，稍有甜味。末乳为断乳前几周所产乳汁，味苦咸，并带有脂肪氧化气味，不适于食用。

鲜乳中蛋白质含量以牛乳最为稳定，羊乳蛋白质含量低于牛乳，人乳则低于以上两种。鲜乳的蛋白质为优质蛋白质，较易被人体所吸收。鲜乳中脂肪含量会因为饲料、季节等的不同而产生变化。乳类中人乳所含的碳水化合物最高，牛乳最少，存在形式主要是乳糖，可促进幼小动物的生长发育。牛乳中几乎含有所有种类的维生素，且含有大量矿物质。

（2）奶粉

奶粉是经过脱水干燥制成的粉状食品。根据加工处理不同，可分为全脂奶粉、脱脂奶粉、加糖奶粉、调制奶粉等。

全脂奶粉的含水量仅2%～3%，溶解性好，色香味及其他营养成分与鲜奶相比变化不大。

脱脂奶粉是由原料奶脱去绝大部分的脂肪，再经浓缩、喷雾干燥而成。由于脂溶性维生素会随着脂肪脱除而发生损失，因此这种奶粉较适合于腹泻的婴儿及要求低脂肪、低热量膳食的人群。

调制奶粉，又被称为母乳化奶粉，是以牛奶为基础，按照母乳组成的模式和特点经过调制而成，其营养成分接近母乳。

（3）酸奶

酸奶是在消毒鲜奶中接种纯种的乳酸菌种，并使其在控制条件下生长繁殖制成的。酸奶更易被人体消化吸收，而且乳糖不耐症患者不会由于喝酸奶产生胃肠不适。而酸奶酸度的增加，也有利于维生素的保护，可控制一些腐败菌的生长，调节肠道菌群。

（4）炼乳

炼乳是浓缩奶的一种，可分为甜炼乳和淡炼乳。甜炼乳中蛋白质、脂肪质量数均相应提高，但糖分过高，需用大量水冲淡，营养成分会相对下降，因此不适宜婴儿食用。淡炼乳又称无糖炼乳，除维生素 B_1 受到损失，其他营养价值与鲜奶几乎相同，较利于消化吸收，稀释后适于喂养婴儿。

技能要求

菜点的营养特点和典故介绍

一、操作准备

1. 场地

模拟餐厅

2. 物品

按照标准宴会所需要的各种餐具配置，菜肴典故实例。

二、操作步骤

以“佛跳墙”为例。

步骤 1：准备工作

1. 在正式操作之前，布置宴会场景，准备好介绍的菜肴（或者模型）。

2. 检查仪表仪容，符合服务员上岗要求。

3. 准备典故内容，要求服务员能熟背并表述自如。

步骤 2：介绍菜名

服务员面向主宾，站在离开餐桌的 1～1.5 m 处，面带微笑，向客人报菜名：“各位嘉宾，这是福建名菜‘佛跳墙’，请慢用。”

步骤 3：介绍典故

1. 征求客人的意见：“请允许我介绍这道名菜的典故，好吗？”在没有客人反对的情况下进入下一步。

2. 典故介绍：（范例）

佛跳墙也叫“满坛香”或称为“福寿全”，是福建名菜，至今已有百余年的历史。

据说在清光绪年间，福州有一个官员为了巴结福建布政使周莲，让自己的内眷亲自主厨，用绍兴酒坛装鸡、鸭、羊肉、猪肚、鸽蛋及海产品等 10 多种原料、辅料，煨制而成，取名叫福寿全。周莲品尝完后赞不绝口。后来，厨师郑春发对这道菜加以改进，并在当地轰动一时。有一次，一批文人墨客来尝此菜，当福寿全上席启坛时，荤香四溢，其中一名秀才心醉神迷，触发诗兴，当即吟诗道："坛启荤香飘四邻，佛闻弃禅跳墙来"，佛跳墙因此而得名。这道名菜还曾在接待柬埔寨西哈努克亲王、美国前总统里根、英国女王伊丽莎白二世等国家元首的国宴上登过席，深受赞赏。

步骤 4：介绍营养特点

（范例）

佛跳墙是用海参、鲍鱼、鱼翅、干贝、鱼唇、花冬菇、蛏子、火腿、猪肚、羊肘、蹄尖、蹄筋、鸡脯、鸭脯、鸡肫、鸭肫、冬菇、冬笋 18 种主料及 12 种辅料制成。其中鲍鱼滋阴、清热、益精、明目；鱼翅能补五脏，长腰力，益虚痨；干贝具有滋阴补肾、和胃调中功能，常吃还能抗癌、软化血管、防止动脉硬化；竹笋能促进肠道蠕动、帮助消化、消除积食、防止便秘。因此，佛跳墙营养价值极高，具有补气养血、清肺润肠、防治虚寒等功效。

步骤 5：综合评价

（范例）

这道福州的名菜佛跳墙吃起来软嫩柔润，浓郁荤香，荤而不腻；各料互为渗透，味中有味，能补虚养身，请各位宾客细细品尝。

步骤 6：欢迎品尝

介绍完毕后说："请品尝，多提宝贵意见。"

三、注意事项

1. 菜名介绍时应声音清晰，吐字准确，使客人能听清楚菜肴的名称。

2. 介绍菜肴的典故时应注意语气，抑扬顿挫，激起客人的兴趣，这样既能丰富服务的内容，活跃饮宴的气氛，也能帮助客人理解菜肴来历，增添客人的饮宴兴趣，加深客人对中国饮食文化的了解。

3. 介绍菜肴营养价值时应突出重点，避免介绍一些客人无法理解的专业术语，着重介绍菜肴含有哪些具有营养价值的原材料，食用给客人带来哪些益处，使客人能够快速了解。

4. 在向客人介绍菜肴时，特别是菜肴的营养价值，应注意真实、可信，不做人为的夸张和渲染。

5. 在向客人介绍菜肴时也要注意语言简练，不可含糊啰唆，影响客人进餐。

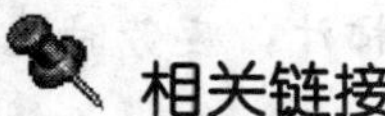

相关链接

“医食同源”说

“医食同源”是中医的一种习惯说法。意思是说，医药和饮食起源相近、原理相通。商朝时有个叫做伊尹的人，以百草熬汁，既可做菜肴，也可做汤药。

“医食同源”其实有两重意义，即“以食当医”和“以医入食”，这就是今天所说的“食疗”和“药膳”。

食疗是运用食物中天然的特性调理人体的阴阳，辅助病症的治疗，促进身心的康复。谷、肉、果、蔬也同中草药一样，具有寒、热、温、凉、平的特性。如大麦、羊肉、荔枝、韭菜性温热，小米、鸭肉、柿子、冬瓜性寒凉，糯米、猪肉、苹果、甘薯性平。根据中医“热者寒之，寒者热之”的原则，体质温热的人应该适当进食寒凉的食物，而体质寒凉的人则应以温热的食品进行食疗。食物不仅能提供生命能量、满足口腹之欲，还能祛病消灾。俗话说，“是药三分毒”，以食当医的好处不仅在于有百益而无一害，还能将“良药苦口”变为“良药可口”，何乐而不为？当然，食物既然各有偏性，在配合使用时自然也有宜有忌。一般来说，相同性味的食物配合使用可以事半功倍，如百合与秋梨同食可清热润肺，姜水与红糖同饮可温中散寒。不同食物之间也有相互克制，如生姜能够抑制鱼类引起的皮疹，萝卜却会减弱山药益气的功效。还有一些食物配伍是禁忌的，如螃蟹与柿子同食，易引起腹泻；牛肉与栗子同食，易导致呕吐；猪肉与田螺同食，会伤害肠胃；虾与大枣同食，甚至会中毒。

但食疗虽好，也不能完全替代医药。中草药不仅能制成汤剂、片剂、冲剂、丸剂，还能与食物同配，做到“药借食味，食助药性”。药膳不仅可辅助药物治疗疾病，对于身体康健之人，也可强身、防病。药膳的运用须对症，“虚者补之，实者泻之”，还须因时、因地、因人而异，不可盲目进补。药物与食物的配伍禁忌也是古人的经验之谈，后人多遵从古训，如猪肉反黄连、苍术，羊肉反半夏、菖蒲，蒜忌地黄，醋忌茯苓等。

今天，饮食对身体的调理作用已经成为中国人生活中的常识。感冒来袭时吃点蒜，有腹泻征兆时喝一杯红酒，酒醉后饮些西红柿汁，疲劳时吃一根香蕉，会收到意想不到的效果，寻常饮食便可守护健康与安宁。

思考题

1. 中餐餐位安排有哪些具体规定？
2. 在正式迎宾之前应掌握宾客的哪些基本情况？
3. 就餐团队客人有哪些特点？
4. 水果含有哪些营养成分？
5. 蔬菜的营养特点是什么？
6. 肉禽类菜肴有什么营养特点？
7. 谷类食物在宴会中具有哪些营养作用？

第3章 餐间服务

第1节 分菜服务

学习单元1 西餐上菜和分菜服务

学习目标

➢ 了解西餐的上菜要求

➢ 掌握中西餐分菜服务的基本知识

➢ 了解中西餐各种分菜方法，掌握叉勺分菜服务的操作技能

知识要求

分菜也叫派菜，常见于西餐的分餐制服务中，中餐高级宴会服务中也在使用。分菜服务就是在客人观赏完菜点以后，由服务人员主动均匀地为客人分配。西餐中的美式服务不要求服务员掌握分菜技术，俄式服务要求服务员有较高的分菜技术，法式服务要求服务员掌握分切技术，中餐宴会则要求服务人员有较高的分菜技能。分菜服务能够有效体现餐饮服务的品质，是服务人员必须熟练掌握的服务技巧。

一、常用分菜工具

中餐分菜的工具有分菜叉（服务叉）、分菜勺（服务勺）、公用勺、公用筷、长把勺等。俄式服务的分菜工具有叉和勺等。法式服务的分切工具有服务车、分割切板、刀、叉、分调味汁的叉和勺等。

二、分菜工具的使用方法

1. 服务叉、勺的使用方法

服务叉勺的握法有：

（1）指握法

将一对服务叉勺握于右手，正面向上，叉子在上方，服务勺在下方，横过中指、无名指与小指，将叉勺的底部与小指的底部对齐并且轻握住叉勺的后端，将食指伸进叉勺之间，用食指和拇指尖握住叉勺，如图 3—1 所示。

图 3—1　指握法

（2）指夹法

将一对叉勺握于右手，正面向上，叉子在上，服务勺在下方，使中指及小指在下方而无名指在上方夹住服务勺。将食指伸进叉勺之间，用食指与拇指尖握住叉子，使之固定。此种方法使用灵活，如图 3—2 所示。

（3）右勺左叉法

右手握住服务勺，左手握住服务叉，左右来回移动叉勺，适用于体积较大的食物派送，如图 3—3 所示。

2. 公用勺和公用筷的用法

服务员站在与主人位置成 90°角的位置上，右手握公用筷，左手持公用勺，相

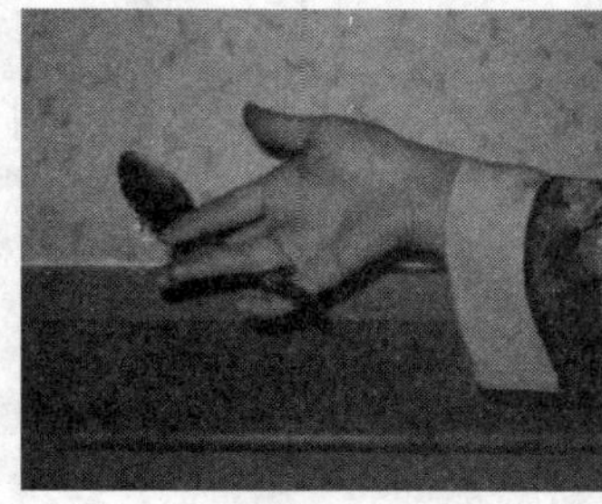
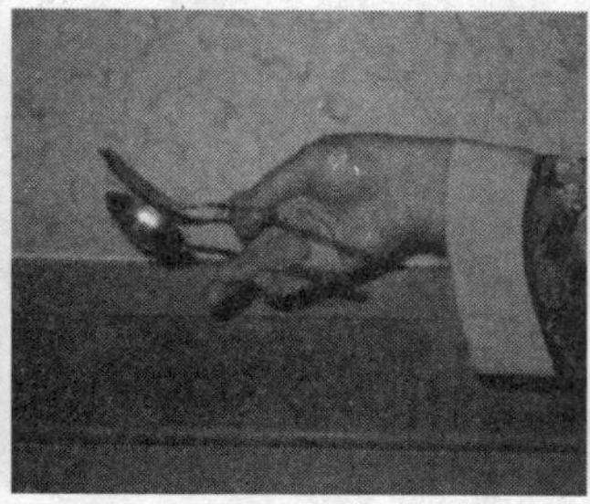
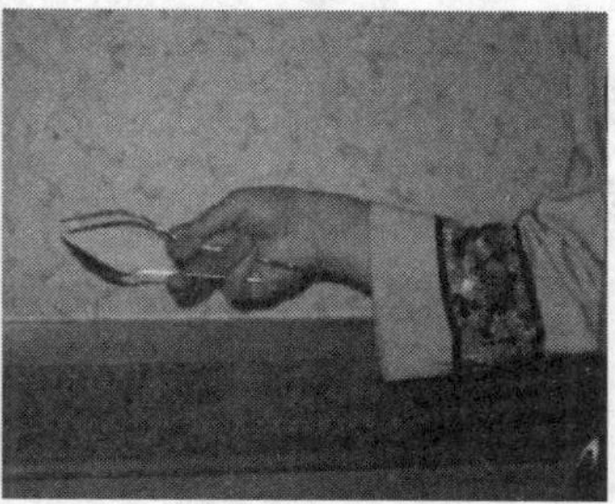

图 3—2 指夹法

图 3—3 右勺左叉法

互配合将菜肴分到宾客餐碟之中。

3. 长把汤勺的用法

分汤菜以及汤中有菜肴时需用公用筷与汤勺配合操作，如图 3—4 所示。

图 3—4 长把汤勺用法

4. 俄式分菜用具的使用方法

一般是勺在下，叉在上。右手的中指、无名指和小指夹持，拇指和食指控制叉，五指并拢，完美配合。这是俄式服务最基本的技巧。

5. 法式切分工具的使用方法

（1）分让主料

将要切分的菜肴取放到分割切板上，再把净切板放在餐车上。分切时左手拿叉压住菜肴的一侧，右手用刀分切，如图 3—5 所示。

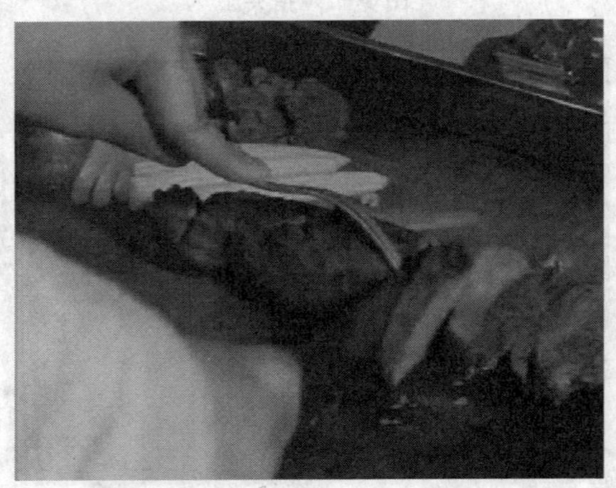

图 3—5　法式切分工具用法

（2）分让配料、配汁

用叉勺分让，勺心向上，叉的底部向勺心，即叉勺扣放。

三、西餐上菜要求

1. 基本要求

（1）餐厅员工在提供西餐上菜服务中，总体顺序是先女主宾后男主宾，然后服务主人与一般来宾。

（2）餐厅员工应用左手托盘，右手拿叉勺为客人提供服务。服务时，员工应当站在客人的左边。

（3）西餐菜肴上菜遵循“左上右撤”，酒水饮料从客人的右侧上。法式宴会所需食物都是用餐车送上，由服务员上菜，除面包、黄油、色拉和其他必须放在客人左边的盘子的食物外，其他食物一律从右边用右手送上。

2. 西餐上菜的程序

西餐正餐的上菜顺序是开胃品、汤、色拉、主菜、甜点、饮品。

(1) 开胃品

有冷、热之分，旨在开胃，增大食欲，一般数量较小，多用清淡的海鲜、蔬菜、水果制作，色彩鲜艳，装饰美观，如海鲜鸡尾酒、烟熏三文鱼。

(2) 汤

西餐的汤可分为冷汤类和热汤类，也可分为清汤类和浓汤类。如西班牙冻汤、牛尾清汤、奶油汤等。

(3) 色拉

具有开胃、帮助消化的作用。色拉可分为水果色拉、素色拉和荤、素色拉三种。

(4) 主菜

是西餐全套菜的灵魂，制作讲究，一般是色、香、味、形俱佳的菜肴。主菜多用海鲜、牛肉、羊肉、猪肉和家禽类做主要原料，如黑胡椒牛排、大虾吉列等。

(5) 甜点

甜点有冷热之分，是最后一道餐食。

(6) 咖啡或茶

有档次和品牌之分，要与全套菜相匹配。

四、西餐分菜要求

1. 将菜点向客人展示，并介绍名称和特色后，方可分让。大型宴会，每一桌服务人员的分派方法应一致。

2. 分菜时留意菜的质量和菜内有无异物，及时将不合标准的菜送回厨房更换。客人表示不要的菜不必分派给他。此外应将有骨头的菜肴，如鱼、鸡等的大骨头剔除。

3. 分菜时要心细，掌握好菜的份数与总量，做到分派均匀。

4. 凡配有佐料的菜，在分派时要先蘸上佐料再分到餐碟里。

技能要求

西餐上菜和分菜服务

一、操作准备

1. 场地

西餐厅

2. 物品

西餐分餐工具，全套西餐菜点。

二、操作步骤

步骤 1：准备工作

（1）工具准备

服务叉、服务勺、切肉刀、切肉叉、托盘、餐巾等。

（2）熟悉菜点、饮料和酒品

区分不同菜点，熟悉菜点的上菜顺序。

（3）把握时机

根据就餐的进行情况，把握上菜、分菜、斟酒的最佳时机。

步骤 2：不同西餐的上菜和分菜

（1）法式上菜方式特点是将菜肴在宾客面前的辅助服务台上进行最后的烹调服务，法式服务由两名服务人员同时服务，一名负责完成桌边的烹调制作，另一名负责为客人上菜，热菜用加温的热盘，冷菜用冷却后的冷盘。

（2）俄式上菜方式与法式服务相近，但所有菜肴都是在厨房完成后，用大托盘送到辅助服务台上，然后顺时针绕台将餐盘从右边摆在客人面前。上菜时服务人员站立在客人的左侧，左手托盘向客人展示菜肴，然后再用服务叉、勺配合分菜至客人面前的餐盘中；以逆时针的方向进行，剩余菜肴送回厨房。

（3）英式上菜方式是从厨房将菜肴盛装好的大餐盘放在宴会首席的男主人面前，由主人将菜肴分入餐盘后递给站在左边的服务员，再由服务人员送给女主人、主宾和其他宾客。各种调料与配菜摆在桌上，由宾客自取并互相传递。

（4）美式上菜方式比较简单，菜肴在厨房里盛到盘子中。除了色拉黄油和面包，大多数菜肴盛在主菜盘中，从左边送给宾客，饮料酒水从右边送上，用过的餐具由右边撤下。

三、注意事项

1. 在上菜和分菜时要注意观察桌面，及时撤换餐具和酒具。

2. 要注意突出菜肴吸引人之处。

3. 在收餐具时一定要轻拿轻放，避免操作声过大，影响客人用餐。

4. 注意特别关心老人、妇女和儿童。

 学习单元 2　中餐分菜服务

 学习目标

➢ 了解中餐分菜知识

➢ 掌握各种中餐分菜方式方法

➢ 能够掌握熟练的转台服务、叉勺分菜服务和旁桌分菜服务技能

 知识要求

一、分菜的方式和方法

1. 分菜方式

为客人分菜是餐饮服务的重要内容，也是提高餐饮服务质量的重要途径。分菜方式可分为临桌分让式和离桌分让式两种，其中临桌分让式又可以分为临桌独立分让式和临桌二人合作式。

（1）临桌独立分让式

服务员站在客人的左侧，左手托盘，右手拿叉与勺，将菜在客人的左边派给客人，如图 3—6 所示。

图 3—6　临桌独立分让式示意图

（2）临桌二人合作式

由两名服务员配合操作，一名服务员右手持公用筷，左手持长把公用勺，另一名服务员将每一位客人的餐碟移到分菜服务员近处，由分菜服务员分派，另一位服务员从客人左侧为客人送菜，如图 3—7 所示。

图 3—7　临桌二人合作式示意图

（3）离桌分让式

先将菜在转台向客人展示，由服务员端至备餐台，将菜分派到客人的餐盘中，并将各个餐盘放入托盘中，托送至宴会桌边，用右手从客位的右侧放到客人的面前。一般用于宴会，如图 3—8 所示。

图 3—8　离桌分让式

2. 分菜方法

根据分菜借助的工具，分菜方法可以分为叉勺分菜、转台分菜和旁桌分菜三种方式。

(1) 叉勺分菜法

借助分菜工具叉和勺，一般还借助托盘，左手托菜盘（菜盘下垫口布），右手拿分菜用的叉勺，从主宾左侧开始，按顺时针方向绕台进行，动作姿势为左腿在前，上身微前倾。分菜时做到一勺准，不允许将一勺菜或汤分给两位客人，数量要均匀，可将菜剩余部分再装小盘然后放桌上，以示富余。叉勺分菜用于热炒菜的分让，如图 3—9 所示。

图 3—9　叉勺分菜法

(2) 转台分菜法

借助转台，汤勺、叉勺等工具，多用于分汤菜等菜肴。基本操作方法是：提前将与宾客人数相等的餐碟有序地摆放在转台上，并将分菜用具放在相应位置；用长柄勺、筷子或叉、勺分菜，全部分完后，将分菜用具放在空盘里；迅速撤身，从主宾右侧开始，按顺时针方向绕台进行，撤前一道菜的餐碟后，从转盘上取菜端给宾客；最后，将空盘和分菜用具一同撤下，如图 3—10 所示。

(3) 旁桌分菜法

分汤及一些难分派的菜时，可用旁桌分菜法。在工作台上摆好相应的餐具，将菜或汤用分菜用具（叉、勺）进行均匀分派；菜分好后，从主宾右侧开始按顺时针方向将餐盘送上，并用礼貌用语“您请用。”注意要将菜的剩余部分，换小盘放桌上。如图 3—11 所示。

二、中餐分菜要求

1. 正确选择分菜方式和方法

中餐菜肴品种多，应根据不同的菜点选择不同的分菜方式和方法，如一般炒菜

图3—10　转台分菜方法

图3—11　旁桌分菜方法

可采用临桌分菜方式、叉勺分菜方法进行，对海鲜鱼翅羹等高档菜肴可以采取旁桌分菜方式与临桌二人协助分菜的方式进行，通过服务彰显菜肴的档次。

2. 要根据客人的需求分菜

分菜不是简单地把菜肴等分给就餐的每一位客人，而应根据客人的要求或者询问客人需求来进行，尊重客人的选择是服务人员的首要任务。

3. 要熟练掌握分菜技能

分菜技能是服务人员必须掌握的技能之一，在实际操作时要做到：分菜时要注意手法卫生、动作利索、分量均匀；服务员人在保证分菜质量的前提下，以最快的速度完成分菜工作；一叉一勺要干净利索，切不可在分到最后一位时，菜已冰凉；带佐料的菜，分菜时要跟上佐料，并略加说明。

三、中餐特殊菜肴的分让

1. 汤类菜肴的分让方法

先将容器内的汤分进客人的碗内，然后再将汤中的原料均匀地分入客人的汤碗中。

2. 造型菜肴的分让方法

将造型的菜肴均匀地分给每位客人。如果造型较大，可先分一半，处理完上半部分造型物后再分其余的一半。也可将食用的造型物均匀地分给客人，不可食用的，分完菜后撤下。

3. 卷食菜肴的分让方法

一般情况是由客人自己取拿卷食，有时老人或儿童多的情况下也需要分菜服务。方法是：服务人员将餐碟摆放于菜肴的周围，放好铺卷的外层，然后逐一将被卷物放于铺卷的外层上，最后逐一卷上送到每位客人面前。烤鸭分食如图 3—12 所示。

图 3—12　烤鸭分食过程

4. 丝类菜肴的分让方法

由一位服务人员取菜分类，另一位服务人员快速递给客人。

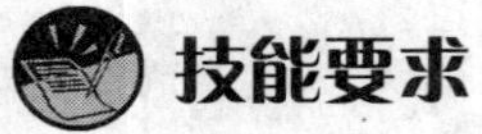

技能要求

中餐分菜服务

一、操作准备

1. 场地

餐厅

2. 物品

标准宴会摆台所需要的各种餐具，工作台、刀叉、餐碟等，成品菜肴。

二、操作步骤

以菜肴“清蒸鳜鱼”为例

步骤 1：准备

1. 根据菜肴确定工具，一般使用刀、叉、勺，分炒菜类可使用叉、勺和筷子，分汤羹类菜肴时可使用长柄汤勺和筷子。

2. 准备好分菜碟。

3. 中餐分菜是在宾客观赏后，由服务员用分菜工具依次将热菜分让给宾客。中餐分菜的顺序应是先主宾、副主宾、主人，然后依次按顺时针方向进行，菜碟由服务员从客人的左侧送到客人的面前。

步骤 2：采用旁桌分菜法分鱼

1. 左手握餐叉将鱼头固定，右手用餐刀从鱼中骨由头顺切至尾。

2. 使用刀叉配合，将鱼肉向中骨的两侧推，使鱼肉与鱼骨分离。

3. 待鱼骨露出后，将餐刀横于鱼骨鱼肉之间，刀口向鱼头，从鱼尾开始，将鱼肉鱼骨分离。

4. 刀叉配合，轻轻取出鱼骨。

5. 使上片鱼肉与下片鱼肉吻合，恢复鱼的原状

6. 将鱼分成等份，待装入餐碟。

步骤 3：分让

去除鱼骨的鱼可以直接在旁桌装入餐碟，也可摆放在餐桌上，采取转台分菜法将等分的鱼分派给每一位客人。

步骤 4：整理

将分让后剩余的菜肴，装入小餐碟，上桌，在体现菜肴富裕的同时，还能满足个别宾客的需要。

步骤 5：结束

礼貌欢迎客人品尝。

三、注意事项

1. 分菜时要心中有数，使每位宾客都能均匀分到一份，并将菜肴中最优质的部分让给主宾。

2. 分让有卤汁的菜时要带上卤汁。

3. 头、尾、残骨等不宜分给宾客。

4. 叉勺不要在盘上刮出声响。

5. 不能把菜汁、汤滴到桌上或客人身上。

6. 分菜时动作要协调，速度要快。

7. 采取转台分菜法分菜时，分完一位客人后，应绕过客人身体，再为下一位客人分菜。

第 2 节　酒 水 服 务

学习目标

➢ 了解黄酒有关知识

➢ 掌握黄酒服务方法及托盘斟酒方法

➢ 能够掌握黄酒侍酒服务操作和托盘斟酒操作技能

知识要求

黄酒是谷物酿造酒，是世界上最古老的酒类之一，源于中国，且唯中国有之，与啤酒、葡萄酒并称世界三大古酒。约在 3 000 多年前，商周时代，中国人独创酒曲复式发酵法，开始大量酿制黄酒。黄酒产地较广，品种很多，著名的有浙江花雕酒、状元红、上海老酒、绍兴加饭酒、福建老酒、江西九江封缸酒、江苏丹阳封缸酒、无锡惠泉酒、广东珍珠红酒、山东即墨老酒等。但是被中国酿酒界公认，在国际国内市场最受欢迎、最具中国特色的，首推绍兴酒。

一、黄酒的起源与发展

人类发现了自然酒后，受到启发，开始了人工酿酒的历史，从而揭开了中国黄酒文化的扉页。

1. 自然酿酒

远古时代，农业尚未兴起，先祖们过着女采野果男狩猎的生活。有时采摘的野果食用不完，便被储存起来，因没有保鲜方法，野果里含有的发酵性糖分与空气中的霉菌、酵母菌相遇，发酵生成含有酒香气味的果子。这种自然发酵现象，使祖先有了发酵酿酒的模糊意识，日久天长，便积累了以野果酿酒的经验，尽管这种野果酒尚称不上黄酒，但为后人酿造黄酒提供了不可多得的启示。

2. 粮食酿酒

时间又向前推进了几千年，华夏民族开始了原始的农耕时代。大概6 000年前的新石器时期，简单的劳动工具足以使祖先们衣可暖身，食可果腹，而且还有了剩余。但粗陋的生存条件难以实现粮食的完备储存，剩余的粮食只能堆积在潮湿的山洞里或地窖中，时日一久，粮食发霉发芽，霉变的粮食浸在水里，经过天然发酵成酒，这便是天然粮食酒。又经历上千年的摸索，人们逐渐掌握了酿酒的一些技术。

3. 曲药酿酒

中国是世界上最早用曲药酿酒的国家。曲药的发现、人工制作、运用大概可以追溯到公元前2000年的夏王朝到公元前200年的秦王朝这1 800年的时间里。

根据考古发掘，我们的祖先早在殷商武丁时期就掌握了微生物“霉菌”生物繁殖的规律，已能使用谷物制成曲药，发酵酿造黄酒。到了西周，农业的发展为酿造黄酒提供了完备的原始资料，酿造工艺在总结前人“秫稻必齐，曲药必时”的基础上有了进一步的发展。秦汉时期，曲药酿造黄酒技术又有所提高，《汉书·食货志》载：“一酿用粗米二斛，得成酒六斛六斗。”这是我国现存最早用稻米曲药酿造黄酒的配方。《水经注》又载：“鄠县有鄠湖，湖中有洲，洲上居民，彼人资以给，酿酒甚美，谓之鄠酒。”那个时代，在人们心中已有了品牌意识——喝黄酒必首推鄠酒，鄠酒誉满天下，是曲药酿黄酒的代表。

经过漫长的历史岁月，趟过悠久的历史长河，华夏民族在不断的生产实践中，逐步积累粮食酿酒经验，使黄酒酿造工艺技术更加炉火纯青。

公元前200年的汉王朝到公元1000年的北宋，历时1 200年，是我国传统黄酒的成熟期。《齐民要术》《酒诰》等科技著作相继问世，鄗酒、新丰酒、兰陵酒等名优酒开始诞生。张载、李白、杜甫、白居易、杜牧、苏东坡等酒文化名人辈出，中国传统黄酒的发展进入了灿烂的黄金时期。

黄酒的传统酿造工艺是一门综合性技术，根据现代学科分类，它涉及食品学、营养学、化学和微生物学等多种学科知识。我们的祖先在几千年漫长的实践中逐步积累经验，不断完善，不断提高，使之形成极为纯熟的工艺技术。中国传统酿造黄酒的主要工艺流程为：浸米——蒸饭——晾饭——落缸发酵——开耙——坛发酵——煎酒——包装。今天，我国大部分黄酒的生产工艺与传统的黄酒酿造工艺似一脉相承。

二、黄酒的种类

经过数千年的发展，黄酒家族的成员不断扩大，品种琳琅满目。酒的名称更是丰富多彩。最为常见的是按酒的产地来命名。如绍兴酒、金华酒、丹阳酒、九江封缸酒、山东兰陵酒等。这种分法在古代较为普遍。还有一种是按某种类型酒的代表作为分类的依据，如“加饭酒”往往是半干型黄酒，“花雕酒”表示半干酒，“封缸酒”（绍兴地区又称为“香雪酒”）表示甜型或浓甜型黄酒，“善酿酒”表示半甜酒。还有的按酒的外观（如颜色，浊度等）分类，如清酒、浊酒、白酒、黄酒、红酒（红曲酿造的酒）。再就是按酒的原料分类，如糯米酒、黑米酒、玉米黄酒、粟米酒、青稞酒等。古代还有煮酒和非煮酒的区别，甚至还有根据销售对象来分的，如“路庄”（如“京装”，清代销往北京的酒）。还有一些酒名，则是对酒的传统称谓，如江西的“水酒”，陕西的“稠酒”，江南一带的“老白酒”等。除了液态的酒外，还有半固态的“酒酿”。这些称呼都带有一定的地方色彩，要想准确知道黄酒的类型，还得依据现代黄酒的分类方法。

根据黄酒含糖量的高低可分为以下四种：

1. 干黄酒

“干”表示酒中的含糖量少，总糖含量低于或等于15.0 g/L。口味醇和、鲜爽、无异味。

2. 半干黄酒

“半干”表示酒中的糖分还未全部发酵成酒精，还保留了一些糖分。在生产上，这种酒的加水量较低，相当于在配料时增加了饭量，总糖含量在15.0～40.0 g/L，故又称为“加饭酒”。我国大多数高档黄酒，口味醇厚、柔和、鲜爽、无异味，均属此种类型。

3. 半甜黄酒

这种酒采用的工艺比较独特，是用成品黄酒代水，加入到发酵醪中，在糖化发酵的开始之际，发酵醪中的酒精浓度就已达到较高的水平，这在一定程度上抑制了酵母菌的生长速度。由于酵母菌数量较少，对发酵醪中产生的糖分不能转化成酒精，故成品酒中的糖分较高。总糖含量在 40.1～100 g/L，口味醇厚、鲜甜爽口，酒体协调，无异味。

4. 甜黄酒

这种酒一般是采用淋饭操作法，拌入酒药，搭窝先酿成甜酒酿，当糖化至一定程度时，加入 40%～50%浓度的米白酒或糟烧酒，以抑制微生物的糖化发酵作用，总糖含量高于 100 g/L。口味鲜甜、醇厚，酒体协调，无异味。

三、黄酒品味和饮用

1. 品味黄酒的方法

(1) 看色泽

要鉴赏品尝黄酒，首先应观色泽：须晶莹透明，有光泽感，无混浊或悬浮物，无沉淀物泛起漂荡其中，具有极富感染力的琥珀红色。

(2) 闻香味

其次将鼻子移近酒盅或酒杯，闻其幽雅、诱人的馥郁芳香。黄酒香不同于白酒的香型，更区别于化学香精，有一种深沉特别的酯香和黄酒特有的酒香的混合。若是 10 年以上陈年的高档黄酒，哪怕不喝，放一杯在案头，也能让人心旷神怡。

(3) 品滋味

用嘴轻啜一口，搅动整个舌头，徐徐咽下后美味感受非纸上所能表达。如此轻啜慢咽，不豪饮赌胜，细细品味。

2. 黄酒饮法

黄酒适应当今人们由于生活水平提高而对饮料酒品质的要求，适于各类人群饮用。黄酒饮法有多种多样，冬天宜热饮，放在热水中烫热或隔火加热后饮用，会使黄酒变得温和柔顺，更能享受到黄酒的醇香，驱寒暖身的效果也更佳；夏天在甜黄酒中加冰块或苏打水，不仅可以降低酒精度数，而且清爽宜人。

(1) 温饮黄酒

黄酒最传统的饮法，当然是温饮。一般黄酒烫热喝较常见。温饮的显著特点是酒香浓郁，酒味柔和。温酒的方法一般有两种，一种是将盛酒器放入热水中烫热，另一种是隔火加温。但黄酒加热时间不宜过久，否则酒精挥发得多了，就会淡而无味。一般冬天盛行温饮。

黄酒的最佳品评温度是在 38℃左右。在黄酒烫热的过程中，黄酒中含有的对人体健康无益的极微量甲醇、醛、醚类等有机化合物，会随着温度升高而挥发掉，同时，酯类芳香物则随着温度的升高而蒸腾，从而使酒味更加甘爽醇厚，芬芳浓郁。因此，黄酒烫热喝是有利于健康的。

(2) 冰镇黄酒

目前，在年轻人中盛行一种冰黄酒的喝法，尤其在我国香港，流行黄酒加冰后饮用。自制冰镇黄酒，可以从超市买来黄酒后，放入冰箱冷藏室。如是温控冰箱，温度控制在 3℃左右为宜。饮用时再在杯中加入少许块冰，口感更好。也可根据个人口味，在酒中放入话梅、柠檬等，或兑些雪碧、可乐、果汁，有消暑、促进食欲的功效。

(3) 佐餐黄酒

黄酒的配餐也十分讲究，以不同的菜品配不同的黄酒，则更可领略黄酒的特有风味。以绍兴酒为例：干型的元红酒，宜配蔬菜类、海蜇皮等冷盘；半干型的加饭酒，宜配肉类、大闸蟹；半甜型的善酿酒，宜配鸡鸭类；甜型的香雪酒，宜配甜菜类。

四、黄酒功用

黄酒含有丰富的营养，有“液体蛋糕”之称。营养价值超过有“液体面包”之称的啤酒和营养丰富的葡萄酒。

1. 含有丰富氨基酸

黄酒的主要成分除乙醇和水外，还含有 18 种氨基酸，其中有 8 种是人体自身不能合成而又必需的。这 8 种氨基酸，在黄酒中的含量比同量啤酒、葡萄酒多一倍至数倍。

2. 易于消化

黄酒含有许多易被人体吸收的营养物质，如糊精、糖分、酯类、甘油、高级醇、维生素、有机酸及无机盐等，使黄酒成为营养价值极高的低酒精度饮品。

3. 舒筋活血

黄酒气味苦、甘、辛。冬天温饮黄酒，可活血祛寒、通经活络，有效抵御寒冷刺激，预防感冒。适量常饮有助于血液循环，促进新陈代谢，并可补血养颜。

4. **美容抗衰老**

黄酒是 B 族维生素的良好来源，维生素 B_1、B_2，烟酸、维生素 E 都很丰富，长期饮用有利于美容、抗衰老。

5. **促进食欲**

锌是能量代谢及蛋白质合成的重要成分，缺锌时，食欲、味觉都会减退，性功能也下降。而黄酒中锌含量不少，如每 100 毫升绍兴元红黄酒含锌 0.85 毫克。所以饮用黄酒有促进食欲的作用。

6. **保护心脏**

黄酒内含多种微量元素。如每 100 毫升含镁量为 20 毫克～30 毫克，比白葡萄酒高 10 倍，比红葡萄酒高 5 倍；绍兴元红黄酒及加饭酒中每 100 毫升含硒量为 1 微克～1.2 微克，比白葡萄酒高约 20 倍，比红葡萄酒高约 12 倍。这些微量元素均有防止血压升高和血栓形成的作用，因此，适量饮用黄酒，对心脏有保护作用。

7. **理想的药引子**

相比于白酒、啤酒，黄酒酒精度适中，是较为理想的药引子。白酒虽对中药溶解效果较好，但饮用时刺激较大，不善饮酒者易出现腹泻、瘙痒等现象。啤酒则酒精度太低，不利于中药有效成分的溶出。此外，黄酒还是中药膏、丹、丸、散的重要辅助原料。中药处方中常用黄酒浸泡、烧煮、蒸炙中草药或调制药丸及配制各种药酒，据统计有 70 多种药酒需用黄酒作酒基配制。

技能要求

黄酒侍酒服务

一、操作准备

1. **场地**

餐厅

2. **物品**

品牌黄酒（绍兴花雕酒）、酒杯、托盘、温酒工具、餐桌等。

二、操作步骤

步骤 1：准备

1. 准备黄酒服务所需要的各种工具和物品。

2. 温酒，根据实际情况，可以采取以下方法温酒。

（1）水烫

将酒倒入温酒壶，放入热水中，以水为媒介加热。

（2）烧煮

将酒倒入耐热器皿，直接放置于火上加热。

（3）燃烧

将酒倒入杯中后，将杯子置于酒精灯之上，点燃酒精加热。

步骤 2：示瓶

示瓶即向客人展示所点的酒品，是斟酒服务的第一道程序，标志着服务操作的开始。

这样做的目的有两个，一是对客人表示尊重，请客人确定所点酒品无误；二是征询客人开酒瓶及斟酒的时间，以免出错。步骤如下：

1. 服务员站在点酒客人的右侧，左手托瓶底，右手扶瓶颈，酒标朝向客人，“各位嘉宾，这是你们点的绍兴花雕酒，请检查一下。”

2. 在客人查验时，服务人员可向顾客介绍此酒：“花雕酒是中国黄酒中的奇葩，选用上好糯米、优质麦曲，辅以江浙明净澄澈的湖水，用古法酿制，再储以时日，产生出独特的风味和丰富营养的花雕酒。花雕酒酒性柔和，酒色橙黄清亮，酒香馥郁芬芳，酒味甘香醇厚。据鉴定，花雕酒含对人体有益的多种氨基酸、糖类和维生素等营养成分，被称为‘高级液体蛋糕’。花雕酒以陈为贵，根据储存时间不同，花雕酒有三年陈、五年陈、八年陈、十年陈，甚至几十年陈等，各位嘉宾今天品尝的是一款十年陈绍兴花雕酒，请各位嘉宾开怀畅饮。”

3. 征求客人意见，准备打开酒：

“现在就为您们打开，好吗?”

在得到客人的允许后，进入下一个程序，为客人开启酒瓶。

步骤 3：开启

1. 再一次检查酒品的质量，并用干净的布巾擦拭瓶口。

2. 开瓶时要将酒瓶放在桌上，尽量减少晃动，否则会造成沉淀物窜腾现象。

3. 检查酒水质量，如发现瓶子破裂或酒中有悬浮物、浑浊沉淀物等变质现象，应及时掉换。

4. 正确使用开瓶器。根据黄酒的封口情况，选择不同的开瓶工具，酒瓶的封口通常有瓶盖和瓶塞两种。如使用软木塞，可选择多功能开瓶器，如果是金属瓶盖可使用普通开瓶器。部分开酒工具如图 3—13 所示。

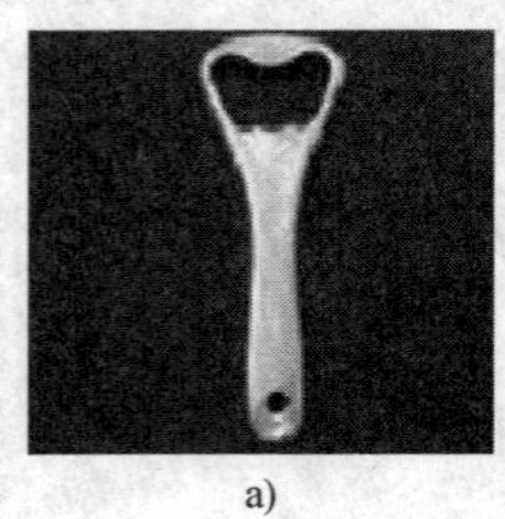
a)

b)

图 3—13　开酒工具

a）普通开瓶器　b）多功能开瓶器

5. 开瓶时动作轻，尽量减少瓶体的晃动。开启软木塞瓶盖时，如出现断裂危险，可将酒瓶倒置，利用酒液的压力顶住软木塞，同时再转动酒钻拔出软木塞。

6. 开启瓶塞后，要用干净的布巾擦拭瓶口，如软木塞发生断裂，还应擦拭瓶口内侧，以免残留在瓶口的木屑顺着酒液被斟入客人的酒杯中。开启瓶塞后检查瓶中酒液是否有质量问题，也可以通过嗅闻瓶塞插入酒瓶部分的气味是否正常来判断。

7. 随手收拾开瓶后留下的杂物。开瓶后的封皮、木塞、盖子等杂物，不要直接放在桌面上，应养成随手收拾的好习惯。

步骤 4：品酒

在斟酒之前，应取品酒杯，先斟少许黄酒，双手呈给各主宾，请客人品鉴，在客人没有异议的情况下，开始斟酒服务。

步骤 5：斟酒

见初级斟酒服务要求。

步骤 6：结束

1. 斟酒完备，请客人慢用。

2. 根据客人点酒数量，继续做好温酒准备工作。

三、注意事项

1. 温黄酒服务一定要根据季节掌握酒的温度，并在品酒时听取客人的意见。

2. 黄酒的斟酒量以酒杯的 2/3 为宜。

3. 要注重黄酒特色的介绍，注意提醒客人黄酒的酒性，婉转提醒客人不要贪杯。

相关链接

黄酒传说与黄酒文化

1. 黄酒的传说

黄酒是我国最古老的酒种，是酒中之祖，酒中之王。黄酒酿造技术堪称天下一绝，是祖国宝贵的科学文化遗产。这一古老的酿造工艺究竟始于何时，自古以来众说不一。以下的这些传说虽不能以一而论，但总能从中窥得一斑。

(1) 酒星造酒

中国民间流传黄酒是天上的酒星酿造的，人们把酒星当做酿酒的天神。宋代窦革在《酒谱》中就有这样的说法："天有酒星，酒之作也，其与天地并矣。"在中国古代文学作品中，也不乏咏酒的篇章。《后汉书　孔融传》有"天垂酒星之耀，地列酒泉之郡，人着旨酒之德"之说，李贺《秦王饮酒》诗中有"龙头泻酒邀酒星"之慨，皮日休《酒中十咏并序　酒星》有"谁遣酒旗耀，天文列其位"之咏，陆龟蒙《奉和袭美酒中十咏并序　酒星》有"不独祭天庙，亦应邀客星"之诚等。这也许仅仅是诗人的形象思维而已。天上"酒旗星"的文字记载，最早见于《周礼》一书，距今已有 3 000 多年的历史。

(2) 房县黄酒

房县黄酒产于湖北房县。房县古称房陵，"房陵黄酒"历史悠久，古代曾称为"封疆御酒""帝封皇酒"。有史料记载，绍兴黄酒最早产于公元前 492 年越王勾践时期，而"房陵黄酒"早在公元前 827 年西周时期已成为"封疆御酒"。闻名天下的《诗经》作者尹吉甫是房陵人，楚王派太师尹吉甫作为使者向周宣王进贡，尹吉甫带了一坛房陵人自产的"白茅"(黄酒) 献给周宣王。宝物呈上殿开坛满殿香，周宣王尝了一口，大赞其美，遂封为"封疆御酒"。李显登基后，封房陵黄酒为"黄帝御酒"，故又称"皇酒"。房县黄酒属北方半甜型，色玉白或微黄，酸甜可口。黄酒是当地人一年四季常备不缺，婚、丧、嫁、娶必不可少的饮品。

2. 黄酒与儒家文化

黄酒是中国最古老的独有酒种，被誉“国粹”，儒家文化乃中国最具特色的民族文化，称之“文化精髓”。两者源远流长，博大精深。黄酒生性温和、风格雅致，酒文化古朴厚重，传承人间真善之美、忠孝之德；儒家内涵讲究中庸之道，主张清淡无为，宣扬仁、义、礼、智、信等人伦道德。细细体味，黄酒与儒家文化可谓一脉相承，有着异曲同工之妙。

“中庸”黄酒之格。中庸曰：“中者，天下之大本也；和者，天下之达道也。”儒家把“中”与“和”联系在一起，主张“和为贵”黄酒之“和谐”，对今日我们倡导“构建和谐社会”也是相符的。儒家“和为贵”与黄酒“中和”之理念，正好给予了现代意义“和谐”诠释、发挥和想象的空间。

“仁义”黄酒之礼。“仁”是儒家思想的中心范畴和最高道德准则。子曰：“仁者，爱人。”“克己复礼为仁”，其中“仁”是目标，“克己”而使“礼”得到遵守和恢复是实践途径。孟子则经常以“仁义”并重。“仁”体现了人与人的关系，是在尊重关怀他人的基础上，获得他人的尊重和关怀。黄酒承载着释放人们精神，惠泽健康，表达情感，体现爱心，激发睿智的作用，这与儒家崇尚“仁义”，主张“天地人合一”的精神境界，提倡友善、爱护是息息相通的。

“忠孝”黄酒之德。子曰：“己欲立而立人，己欲达而达人。”孔子认为，忠乃表现于人与人交往中的忠诚老实；孟子说：“诚者，天之道也。”孔子认为孝悌是仁的基础，孝不仅限于对父母的赡养，而应着重对父母和长辈的尊重。孟子更是主张：“老吾老以及人之老，幼吾幼以及人之幼。”黄酒生性温和、醇厚绵长，在漫漫中国酒文化长河中，黄酒以其独有的“温和”受国人称道，黄酒的文化习俗始终以“敬老爱友、古朴厚道”为主题，这与儒家所追求的“忠孝”精神一脉相承。

第 3 节　餐具撤换与调整

学习目标

➢ 了解西餐菜肴与餐具、酒具的搭配

➢ 了解进餐时餐具撤换的有关知识

➢ 掌握西餐进餐时餐具、酒具的撤换方法

➢ 能够掌握根据时机正确进行西餐餐具酒具撤换的操作技能

知识要求

一、餐具与菜点搭配原则

随着人们生活水平的提高，饮食观念的转变，追求“食不厌精，脍不厌细”的饮食已成为现代人的一种生活时尚。菜点与器皿的巧妙搭配，不仅能让美食锦上添花，而且能体现菜肴的艺术之美。

1. 价值相配原则

运用餐具的档次和酒席的规格相匹配，防止出现餐具高档、菜品低档与餐具低档、菜品高档，以及席面与餐具不协调等情况，做到器皿与食物配合完美和谐。

2. 习俗相适原则

作为餐具的色彩不仅要考虑到和菜肴色彩的配合，还要考虑到就餐者的色彩感情问题，餐具的色彩要与就餐者的习俗相适应。“色彩感情”指的是就餐者对某种颜色忌讳。在配用餐具时要关心就餐者的色彩感情，以增加宴会的气氛。

3. 菜点性质决定原则

盛装不同质地的菜点，要配用不同品种的器皿，也就是要求我们在选择器皿的品种时，明确菜肴质地的干湿程度、软硬情况、汤汁多少，配用适宜的平盘、汤盘、碗等配套餐具。它不单单是为了审美，重要的是便于使用。

4. 空间和谐原则

菜肴的数量要和器皿的大小相称，才能有美的感官效果。数量多的菜肴应该用较大的器皿，数量少的菜肴应该用较小的器皿。

5. 形状统一原则

在选用餐具时必须根据菜肴的形态来选择相适应的器皿。根据菜肴的不同形状运用“象形”“会意”的手法配上相应形状的餐具，就会取得相得益彰的效果，使菜点的形色与器皿的形状统一起来，创造和谐美。

6. 色形协调原则

根据菜肴的色形，选用哪一种色形的器皿是关系到能否使菜肴显得更加高雅、悦目，衬托得更加鲜明、美观的关键。器皿和菜肴的色形组合，是相互映衬、相互烘托的，它们之间存在着协调与对比的关系，即统一色的应用和对比色的应用。

7. 整体成套原则

现今器皿变化的一个显著特点是由单一化向组合化、成套化方向发展。一席菜不但品种要多样，器皿也要色彩缤纷。这样，佳肴耀目，美器生辉，蔚为壮观的席面美便会呈现在眼前。

8. 衬托美化原则

成形的菜肴一般都要进行点缀和围边，用以达到美化菜肴的目的。所以我们在使用餐具时就要考虑菜肴的点缀、围边将采用何种形式，做到既可以弥补菜肴平淡之不足，又能增加菜肴的色彩，使菜肴更具有清新感，又赏心悦目。

二、西餐菜肴知识

西餐在菜单的安排上与中餐有很大不同。以举办宴会为例，中餐宴会除近 10 种冷菜外，还要有热菜 6～8 种，再加上点心甜食和水果，显得十分丰富。而西餐虽然看着有六七道，似乎很烦琐，但每道一般只有一种。下面按上菜顺序对西餐菜肴作一简单介绍。

1. 头盘

西餐的第一道菜是头盘，也称为开胃品。开胃品的内容一般有冷头盘或热头盘之分，常见的品种有鱼子酱、鹅肝酱、熏鲑鱼、鸡尾杯、奶油鸡酥盒、焗蜗牛等。因为是要开胃，所以开胃菜一般都具有特色风味，味道以咸和酸为主，数量较少，质量较高。

2. 汤

与中餐有极大不同的是，西餐的第二道菜就是汤。西餐的汤大致可分为清汤、奶油汤、蔬菜汤和冷汤 4 类。品种有牛尾清汤、各式奶油汤、海鲜汤、美式蛤蜊汤、意式蔬菜汤、俄式罗宋汤、法式焗葱头汤等。冷汤的品种较少，有德式冷汤、俄式冷汤等。

3. 副菜

通常水产类菜肴与蛋类、面包类、酥盒菜肴品均称为副菜。是西餐的第三道菜，因为鱼类等菜肴的肉质鲜嫩，比较容易消化，所以放在肉类菜肴的前面，叫法上也和肉类菜肴主菜有区别。西餐吃鱼类菜肴讲究使用专用的调味汁，品种有鞑靼汁、荷兰汁、酒店汁、白奶油汁、大主教汁、美国汁和水手鱼汁等。

4. 主菜

肉、禽类菜肴是西餐的第四道菜，也称为主菜。肉类菜肴的原料取自牛、羊、猪、小牛等各个部位的肉，其中最有代表性的是牛肉或牛排。牛排按其部位又可分为沙朗牛排（也称西冷牛排）、菲利牛排、“T”骨型牛排、薄牛排等。烹调方法常用烤、煎、铁扒等。肉类菜肴配用的调味汁主要有西班牙汁、浓烧汁精、蘑菇汁、白尼斯汁等。

禽类菜肴的原料取自鸡、鸭、鹅，通常将兔肉和鹿肉等野味也归入禽类菜肴。禽类菜肴品种最多的是鸡，有山鸡、火鸡、竹鸡，可煮、可炸、可烤、可焖，主要的调味汁有黄肉汁、咖喱汁、奶油汁等。

5. 蔬菜类菜肴

蔬菜类菜肴可以安排在肉类菜肴之后，也可以与肉类菜肴同时上桌，所以也可以算为一道菜，或称之为一种配菜。蔬菜类菜肴在西餐中称为色拉。与主菜搭配的色拉，称为生蔬菜色拉，一般用生菜、西红柿、黄瓜、芦笋等制作。色拉的主要调味汁有醋油汁、法国汁、千岛汁、奶酪色拉汁等。除了蔬菜之外，还有一类色拉是用鱼、肉、蛋类制作的，这类色拉一般不加味汁，在进餐顺序上可以作为头盘食用。还有一些蔬菜是熟食的，如花椰菜、煮菠菜、炸土豆条。熟食的蔬菜通常与主菜的肉食类菜肴一同摆放在餐盘中上桌，称之为配菜。

6. 甜品

西餐的甜品是主菜后食用的，可以算做是第六道菜。从真正意义上讲，它包括所有主菜后的食物，如布丁、煎饼、冰淇淋、奶酪、水果等。

7. 咖啡、茶

西餐的最后一道是上饮料，主要是咖啡或茶。饮咖啡一般要加糖和淡奶油，茶一般要加香桃片和糖。

三、西餐服务规程

1. 迎领服务

客人到达餐厅门口时，迎领员应主动上前表示欢迎，礼貌问候后，将客人引领至休息区域，并根据需要接挂衣帽。

2. 宴前鸡尾酒服务

客人进入休息区域后，服务员应向客人问候，并及时向客人送上各式餐前酒。送酒水前应先作介绍并征求客人意见。如客人是坐饮，则应先在客人面前的茶几上放上杯垫，再上酒水；如客人是站饮，则应先给客人餐巾纸，然后递上酒水；如客人需要鸡尾酒，则应将客人引至吧台前，由调酒师根据客人要求现场调制，或是先请客人入座，再去吧台将客人所需鸡尾酒托送至客人面前。在客人喝酒时，休息室服务员应托送果仁、虾条等佐酒小吃，巡回向客人提供。休息室服务时间一般为半小时左右。当客人到齐，主人示意可以入座时，应及时引领客人到餐厅。

2. 拉椅让座

当客人到达本服务区域时，服务员必须主动上前欢迎、问好，然后按先女后男、先宾后主的顺序为客人拉椅让座（方法与中餐宴会相同）。待客人坐下后，为客人铺餐巾，并点燃蜡烛以示欢迎。

3. 上头盘

根据头盘配用的酒类，先为客人斟酒，再上头盘。如是冷头盘，可在餐前10分钟左右事先上好。当客人用完头盘后应从客人右侧撤盘，撤盘时应连同头盘刀、叉一起撤下。

4. 上汤

上汤时应加垫盘，从客人右侧送上。喝汤时一般不喝酒，但如安排了酒类，则应先斟酒，再上汤。当客人用完汤后从客人右侧连同汤匙一起撤下汤盘。

5. 上鱼类菜肴（副菜）

应先斟好白葡萄酒，再为客人从右侧上鱼类菜肴。当客人吃完鱼类菜肴后即从客人右侧撤下鱼盘及鱼刀、鱼叉。

6. 上肉类菜肴（主菜）

肉类菜肴一般盛放在大菜盘中由服务员为客人分派，并配有蔬菜和沙司，有时还配有色拉。上菜前应先斟好红葡萄酒，并视情况为客人补充面包和黄油。肉类菜肴的服务程序如下：

（1）从客人右侧撤下装饰盘，摆上餐盘。

（2）服务员托着菜盘从左侧为客人分派主菜和蔬菜，菜肴的主要部分应靠近客人。

（3）另一名服务员随后从客人左侧为客人分派沙司。

（4）如配有色拉，也应从左侧为客人依次送上。

（5）待客人开始吃主菜后，服务员应礼貌询问客人对主菜的意见，当肯定客人都感到满意后，才可礼貌离去。如客人有不满，则应及时反馈至厨房处理。

7. 上甜点

待客人用完主菜后，服务员应及时撤走主菜盘、刀、叉、色拉盘、黄油碟、面包盘和黄油刀，摆上干净的点心盘。然后托送奶酪及配食的饼干等至客人面前，待客人选定后用服务叉、匙，从客人左侧分派。上奶酪前应先斟酒。此时可继续饮用配主菜的酒类，也可饮用甜葡萄酒或波特（port）。用过奶酪后开始上甜品。此时一般安排宾主致词，所以，服务员在撤去吃奶酪的餐具后应先为客人斟好香槟酒或葡萄汽酒（sparkling wine），摆上甜品餐具，然后上甜品。香槟酒或葡萄汽酒一定要在致词前全部斟好，以便客人举杯祝酒。

8. 上水果

上水果前应撤去桌面除酒杯外的所有餐用具，摆好餐盘和水果刀、叉，再托着水果盘从客人左侧分派水果。然后从客人左侧上洗手盅，盅内放温水、一片柠檬和数片花瓣。

9. 饮料服务

客人用完水果，服务员应及时为客人送上咖啡或红茶、糖缸和淡奶壶（一般每四人配一套）。在客人饮咖啡或红茶时，服务员（或调酒师）应向客人推销餐后酒，主要是各种利口酒和白兰地，待客人选定后斟好送上。当客人享用餐后饮料及餐后酒时，服务员应将汇总好的账单递给主人或其代表（经办人）结账。

10. 送客服务

为客人拉椅、为客人取递衣帽和送客。

11. 结束工作

检查餐厅、收台、整理餐厅。

技能要求

西餐餐具、酒具撤换

一、操作准备

1. 场地

西餐厅

2. 物品

各种西餐餐具等。

二、操作步骤

步骤 1：更换刀叉

1. 西餐每吃一道菜即要换一副刀叉，刀叉排列从外到里。因此，每当吃完一道菜就要撤去一副刀叉，到下餐或宴会快结束时，餐台已无多余物品。

2. 撤盘前，要注意观察宾客的刀叉摆法。如果宾客很规矩地将刀叉平行放在盘上，即表示不再吃了，可以撤盘；如果刀叉搭放在餐盘两侧，说明宾客还要继续食用或在边食用边说话，不可贸然撤去。

步骤 2：撤换餐盘

撤盘时，左手托盘，右手操作。先从宾客右侧撤下刀勺，然后从其左侧撤下餐叉。餐刀餐叉分开放入托盘，然后撤餐盘，撤盘按顺时针方向依次进行。如宾客将汤匙底部朝天，或将匙把正对自己心窝处，应马上征询宾客意见，弄清情况后再作处理。宾客若将汤匙搁在汤盘或垫盘边上，通常表示还未吃完，此时不能撤盘。

步骤 3：撤下胡椒盅、盐盅、调味架

待到客人食用甜点时，值台员即可将胡椒盅、盐盅、调味架一并收拾撤下。

步骤 4：撤酒具

征求客人的意见，撤啤酒杯、饮料杯；宾客离开餐桌后，再撤酒杯、水杯等。

步骤 5：收台

宾客用餐结束，全部走出餐厅后，值台员可开始收拾台面。收餐具应按下列顺序进行：先收瓷器如餐碟、汤碗、汤勺等，然后收银器、刀叉、筷子等，最后按小方巾、餐巾、玻璃酒具的顺序逐项撤台。

步骤 6：更换台布

当餐厅中就餐宾客较多，要“翻台”时需要更换台布；当宾客离开餐桌，收完餐具后，也需更换台布。饭店咖啡厅中多用小餐桌，每天接待的宾客很多，更需要不断地更换台布。快捷利落地更换台布是餐饮服务人员必须掌握的基本功之一。更换台布的步骤和方法是：

1. 将台面上所有用品移到半面台布上，然后把另半面脏台布掀起，露出半张餐桌。

2. 把台面上的用品从台布上移到露出的半面餐桌上，将台布朝上卷起。卷脏台布时注意将面包碎屑等包卷起来，避免撒在座位或地面上。

3. 在空出的半张餐桌上铺上干净台布，台布中间折缝与餐桌中线重合．将对折台布的上半面折起，然后把原先留在餐桌上的用品逐件移到已铺开的半面台布上。

4. 把折起的上半面台布完全打开铺平，按规定位置摆好胡椒盅、盐盅、调味架、花插、烟灰缸等用具。

三、注意事项

1. 西餐餐具、酒具撤换服务过程中要求服务人员特别注意宾客的举止，特别留意客人的暗示。

2. 服务人员要熟悉西餐就餐礼仪，做到准确、快捷、周到服务。

3. 服务过程中应遵循先宾后主、女士优先的服务原则。

4. 在上每一道菜之前，都要先撤去上一道菜肴的餐具，斟好相应的酒水，再上菜。

5. 如餐桌上的餐具已用完，应先摆好相应的餐用具，再上菜。

6. 在撤餐具时，动作要轻稳。西餐撤盘一般是徒手操作，所以一次不应拿得太多，以免失手摔破。餐厅全场撤盘、上菜应一致，多桌时以主桌为准。

相关链接

西餐进餐礼仪

1. 餐具使用的礼仪

(1) 吃西餐，必须注意餐桌上餐具的排列和置放位置，不可随意乱取乱拿，应先取左右两侧最外边的一套刀叉。每吃完一道菜，将刀叉合拢并排置于碟中，表示此道菜已用完，服务员便会主动上前撤去这套餐具。

(2) 如尚未用完或暂时停顿，应将刀叉呈八字形左右分架或交叉摆在餐碟上，刀刃向内，意思是告诉服务员，我还没吃完，请不要把餐具拿走。

(3) 使用刀叉时，尽量不使其碰撞，以免发出大的声音，更不可挥动刀叉与别人讲话。

2. 进餐礼仪

(1) 进餐时，除用刀、叉、勺取送食物外，有时还可用手取。如吃饼干、薯片或小粒水果等。面包一律手取。

(2) 喝汤时，切不可以汤盘就口，必须用汤勺舀着喝。

(3) 吃肉或鱼的时候，应用叉按好后，慢慢用刀切，切好后用叉子进食，千万不可用叉子将其整个叉起来，送到嘴里去咬。

(4) 餐桌上的佐料，如果距离太远，可以请别人帮助传递，不能自己站起来伸手去拿，这是很难看的。

(5) 吃西餐时相互交谈是很正常的现象，但切不可大声喧哗，放声大笑，也不可抽烟。在吃东西时应细嚼慢咽，嘴里不要发出很大的声响，更不能把刀叉伸进嘴里。至于拿着刀叉做手势在别人面前挥舞，更是失礼和缺乏修养的行为。

(6) 吃西餐还应注意坐姿。坐姿要正，身体要直，脊背不可紧靠椅背，一般坐于座椅的3/4即可。不可伸腿，不能跷起二郎腿，也不要将胳臂肘放到桌面上。

(7) 饮酒时，不要把酒杯斟得太满，也不要向别人劝酒。礼貌的饮酒程序：首先，举起酒杯，双目平视，欣赏色彩；其次，稍微端近，轻闻酒香；然后，小啜一口；第四，慢慢品尝；最后，赞美酒好、酒香。

思　考　题

1. 如何运用服务叉进行服务工作?
2. 简述西菜上菜的基本程序。
3. 举例说明分菜的具体方式和方法有哪些?
4. 黄酒的功能有哪些? 可分为哪些种类?
5. 餐具菜点搭配应遵循哪些基本原则?
6. 简述西餐服务的基本程序。

第 4 章 餐后服务

第 1 节 结 账 收 银

学习单元 1 现金结账

学习目标

➢ 了解餐厅收银员工作流程

➢ 掌握现金结账方法和餐厅现金结账的操作技能

知识要求

一、餐饮业结账的特点

餐饮业结账是餐饮服务全过程的组成部分，带有一贯性、技术性和综合性等特点。

1. 结账服务的一贯性

结账服务是餐饮活动结束前，服务员为宾客结算餐费和酒水费用的服务。此时的服务，绝不能因为宾客即将离去而放松，要有优质服务的整体性和一贯性。结账中的每一项微小失误，都可能使以往服务中的成绩丧失殆尽。有些服务员认为，结账只不过是简单地收钱、找钱，不影响服务的整体性。这种不正确的认识往往会造成服务程序的中断，引起宾客的不满。实际上，结账的过程并不简单，它包括客人的心理变化以及各项技术因素和客观因素对结账的影响，结账中出现的种种问题，仍需要服务员灵活处理为宾客继续服务。服务整体性和一贯性的意识，仍是结账服务规范化的出发点。

2. 结账服务的技术性

随着人们物质生活的日益提高，对餐饮服务的要求也越来越高，要求餐饮服务不断提高水平，结账服务也不例外。服务员在结账过程中，要了解财务知识、货币知识、客人心理，记住客人所消费的产品和价格，具有相当的语言能力和灵活处理问题的技巧。在结账中，如果出现收假钞、算错账、不懂外语而无法结账和不能处理结账中的问题等现象，服务质量就无法保证，宾客的满意度便会下降，饭店餐饮的客源和效益就会受影响。因此，服务员在熟悉和掌握结账程序的基础上，还应不断地完善和提高自身的计算能力、金融知识、心理分辨能力、记忆能力、外语能力和处理问题的综合能力，不断提高自己的文化素质与修养。

3. 结账服务的综合性

结账服务是餐饮服务的组成部分，带有餐饮服务的综合性特征。其中，时间、地点、场合、客人心理、服务质量等各种因素都会对结账过程产生影响。因此，要求服务员在结账中能审时度势，根据宾客的需求合理地处理结账中的各个细节，使服务按规范的程序正常进行；对于超出规范限定的问题，要协助收银员、领班、主管、餐厅经理妥善解决。

结账服务也需要满足宾客的个性需求，因此，了解宾客的个性心理，学习、把握心理服务、无差错服务、周到服务等个性服务的策略和方法，是该阶段服务中不可缺少的内容。结账的过程是餐饮服务价值的货币实现过程，宾客在此阶段的态度能够反映出餐饮产品的价值的真实程序。如果服务的价值包含超值的部分和感情投入，那么，宾客便会以宽容和信任的态度来配合你的工作；如果服务中金钱的色彩过于浓重，就容易引发不良后果。因此，综合性的特征也体现在超值服务和感情服务之中。

二、餐厅结账的要求

1. 熟悉结账的程序

（1）当客人提出结账时，应先斟上茶水，送上香巾，然后再递送账单，请客人过目，呈送账单时，应使用账单夹或用托盘送上，账单要求清洁、干净，账单上的账目要清楚，并经过认真核对。如发现问题，应及时解决，对客人的疑问要耐心解释。

（2）要礼貌地收取客人的钱款票证，收取钱款后，应当着付款客人的面清点唱收，并及时交到收银台核对、办理。

（3）换回余款或信用卡单据后，要及时放到盘子里交还客人，并请其清点、核查。如找回的余款数量较大，应站在一侧，待宾客查点并收妥后方可离去。

2. 把握收银结账细节

（1）恰当地把握结账时间。服务员一般不要催促客人结账，结账应由宾客主动提出，以免造成赶宾客离开的印象。

（2）认准结账对象。在散客结账时，应分清由谁付款，如果搞错了收款对象容易造成客人对饭店的不满。

（3）保持良好服务态度。结账时最容易出现客人对账单有疑问的情况，这时服务员一定要态度良好，认真核对，认真解释，不要与客人发生冲突，要讲究策略。

（4）防止跑账和跑单。结账时容易出现跑账和跑单的情况，一定要避免这种情况的出现。

（5）善始善终服务。结账后仍应满足客人的一般要求，并继续为其热情服务。

3. 正确处理收银结账的特殊情况

（1）如客人以支票结账，须礼貌地请客人在支票后面签上姓名、地址及联系电话，交由收款员处理后再将支票存根及发票递交客人并致谢。

（2）如客人以信用卡结账，须礼貌请客人出示身份证并在账单上签名，将信用卡、账单及身份证交收款员处理后，再把信用卡签付单及笔递交客人签名，如客人签字与信用卡一致，则将所有证件、签付单存联及发票交还给客人并致谢。

三、餐饮企业收银员工作要求

1. 负责收银和结账工作，做到一丝不苟，大公无私，不多收、少收客人的现金，严格遵守财务规章制度，按规定办事，不弄虚作假，原则上的问题要多请示、勤汇报，自作主张或责任心不强出现账亏、钱亏的，责任自负。

2. 收银员是餐饮企业整体服务质量好坏的集中体现，要求做到，心理素质好，有较高的自身涵养，对客人说话时要口齿伶俐，语言清晰、简练、温和，自然得体，大方，面部始终带有微笑，语言要使用普通话，衣着要整洁、整齐，不许染发，留奇异发型，不许着浓妆、染指甲、佩戴与工作无关的佩物，不许吃带有异味的食品。

3. 实行账钱分离，不许一人既管账又管钱，不许自作主张少收客人的现金，工作中光明磊落，出现挪用公款、贪污钱财的，视情节轻重给予罚款、开除或送司法机关处理。

4. 由于责任心不强或马虎大意出现错算、漏算等情况，应承担经济损失。

5. 当好领导的好管家，把好经济关，一切以大局为重，个人利益服从集体利益，严字当头，做好本职工作，保守企业经营机密。

四、现金知识

1. 人民币假钞辨别

第五套人民币的说明：第五套人民币的票面值有 100 元、50 元、20 元、10 元、5 元。

(1) 100 元券的特征

1) 票面特征：主色调为红色，正面为毛主席头像，中国人民银行汉字字样；背面主景为人民大会堂图案，汉语拼音及用蒙、藏、维、壮四种民族文字书写的“中国人民银行”。

2) 主要特征：固定人像水印（毛主席头像），红、蓝彩色纤维，磁性缩微文字安全线，手工雕刻头像（毛主席图像），光度油墨面额数字（变换颜色，绿色—蓝色），阴阳互补对印图案（古钱币图案），雕刻凹版印刷，横竖双号码（均为两位冠字 8 位号码，横为黑色，竖为蓝色）。

(2) 50 元券的特征

1) 票面特征：主色调为绿色，正面主景为毛主席头像，中国人民银行汉字字样；背面主景为布达拉宫，汉语拼音及蒙、藏、维、壮四种民族文字书写的“中国人民银行”。

2) 主要特征：固定的人像水印、红蓝彩色纤维、磁性缩微文字安全线(rmb50)、手工雕刻头像、隐形面额数字、胶印缩微文字、光变油墨面额数字、阴阳互补对印图案、雕刻凹版印刷、横竖双号码（横为黑色、竖为红色）。

(3) 20 元券的特征

1）票面特征：主色调为棕色，正面主景为毛主席头像，中国人民银行汉字字样；背面主景为“桂林山水”图案，汉语拼音及蒙、藏、维、壮四种民族文字书写的“中国人民银行”。

2）主要特征：固定的花卉水印、磁性安全线（间断的磁性安全线）、手工雕刻头像、隐形面额数字、胶印缩微文字、雕刻凹版印刷、双色横号码（2 位冠字 8 位号码，左半部分为红色、右半部分为黑色）。

2. 常见的假钞的种类

主要有机制、复印、拓印三种形式。

（1）机制假钞

1）采用普通胶印，在紫光灯下纸张泛白。

2）水印采用浅色油墨印在背面，无立体感。

3）安全线多采用黑色油墨直接印上。

（2）复制假钞

1）采用普通复印纸印制而成，票面很不光洁。

2）水印用淡色油墨加盖背面，无立体感，呆板，形象失真或无水印。

3）有分散的墨粉颗粒，色彩失真与真币有明显区别。

4）采用手工裁剪，边缘不齐，四角不齐。

（3）拓印假钞

1）有过渡色，票面色淡无光泽，图案、线条、文字不清晰，部分有变色现象。

2）伪钞水印一般是雕刻加盖而成的。

3）拓印假钞一般用三层纸黏合在一起，故票面貌一新平整，有起皱现象，有时边缘有分层现象。

4）多用手剪裁，边缘不齐，四角不齐。

3. 假钞处理

（1）收银员在收款过程中，要对现金的真伪进行仔细的辨认，对于有任何疑点的人民币，应按标准复核一遍。

（2）确认客人所付款为假币时，应轻声告知客人（或转交服务员）：“对不起，这张钱币不能够使用，请您再重新更换一张，谢谢。”

（3）客人更换钱币后要确认，新给的钱币是否为真币，并向客人表示谢意。

（4）如客人对于你的建议不予理会，甚至大发雷霆时，及时联系楼面经理或主管，并向部门上级汇报，但应始终保持微笑服务。

五、收款操作要点

1. 散客收款

（1）收银员接到服务员送来的订菜单，留下第一联，经核价加总后即时登记“收入登记表”以备结账。

（2）客人用餐完毕，由值班服务员通知收银员结账，收银员拿出订单加总后开具账单两联，由值班服务员向顾客收款，顾客交款后，服务员持账单和票款到收银台交款，收银员点清后在账单第二联加盖印章再连同退款由服务员转给顾客。

（3）收银员应将账单第一联与订单第一联订在一起装入“结算凭证专用纸袋”内。

2. 团队客人收款

（1）餐厅服务员根据“团队就餐通知单”在团队就餐时开单交收银员。收银员在订单第二、三、四联上加盖戳记后给服务员，一联留存，并插入账单箱。

（2）就餐结束后，值班服务员开账单，请团队领队签字后，即时将团队账单（第二联）送前厅收银员代为收款，第一联留存和订单订在一起，装入结算凭证专用纸袋内。

3. 宴会收款

（1）宴会及包桌酒席，一般都需要提前三个小时以上到餐厅提前预订，预订时需交付预订押金或抵押支票。

（2）预订员按预订要求开具宴会订单（一式四联），并在订单上注明预收押金数额或抵押支票，然后将宴会订单和预定押金或支票一起交收银员，收银员按宴会订单核价汇总后在订单上加盖戳记，第一联收银员留存，第二联交厨房据以备餐，第三联交酒吧据以领取酒水，第四联交餐厅主管转值班服务员以便提供服务。

（3）宴会开始后，客人需增加酒水和饭菜时，由值班服务员开具订单交收银员加盖戳记后，第一联收银员留存，与宴会订单订在一起，第二联交厨房据以增加饭菜或交酒吧以领取酒水。

（4）宴会结束后，值班服务员通知客人到收款台结账，收款员按宴会订单开具发票，收取现金（注意扣除预订押金）或签发支票或刷信用卡。

（5）将发票存根和宴会订单订在一起装入“结算凭证专用袋”内。

4. 会议客人收款

（1）会议客人用餐应由负责人提前与餐饮部楼面经理商定就餐标准和结算方式。

（2）餐饮部订餐处填写“会议就餐通知单”，分送厨师长和餐厅收银领班，收银员结算时按通知进行。

（3）客人提出的超标准服务要请负责人签字，开具通知单结算。

5. VIP 客人就餐收款

（1）重要客人（VIP）到餐厅就餐，一般由经理级的管理人员签批“重要客人接待通知单”和“公共用餐通知单”，提前送给餐厅主管，餐厅主管接到通知后应安排接待。

（2）收银员按通知单规定开具账单向客人结算，收银员将订单、通知单和账单订在一起装入结算凭证专用纸袋内。

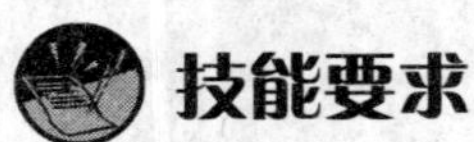

技能要求

为餐厅现金结账服务

一、操作准备

1. 场地

餐厅

2. 物品

账单、收银簿等。

二、操作步骤

步骤 1：确认应收金额并制作账单

当客人示意结账时，服务员迅速到收款台领取客人账单，并要确认客人用什么方式结账。

步骤 2：账单的呈递

将账单放入账夹内，并准备结账用笔。递送账单从客人右侧躬身礼貌地将账夹打开递给客人，并说明是该客人用餐账单。

步骤 3：当面收取现金并清点确认

客人将应付的现金总数交给服务员，当服务员点收无误后，往收银处付款。如图 4—1 所示。

步骤 4：解交收银处、开具发票，提取找头。

收银员收到款项后将统一发票连同找的零钱以托盘盛放，交给服务员，服务员

图 4—1　现金结账场景

再交给客人。

步骤 5：向客人递交发票和找头

如客人自己在收银处结账，将发票和找头直接交给客人。

步骤 6：道谢

对客人的到来表示感谢。

三、注意事项

1. 收银员一定要提高个人的业务技能，对于假钞的确认，一定要准确以免造成误会，引起客人投诉。

2. 收款时一定注意唱收唱找，包括对服务员也是一样。

3. “钱不过二手原则”特别注意，犯罪分子的抽老千行为。

学习单元 2　信用卡结账

- 了解信用卡知识
- 掌握银行 POS 终端使用的方法
- 能够掌握餐厅信用卡结账收银操作技能

一、信用卡知识

信用卡是商业银行向个人和单位发行的，凭此向特约单位购物、消费和向银行存取现金，具有消费信用的特制载体卡片，其形式是一张正面印有发卡银行名称、有效期、号码、持卡人姓名等内容，背面有磁条、签名条的卡片。信用卡按是否向发卡银行交存备用金分为贷记卡、准贷记卡两类，贷记卡是发卡银行给予持卡人一定的信用额度，持卡人可在信用额度内先消费、后还款的信用卡。准贷记卡则是先按发卡银行要求交存一定金额的备用金的信用卡。我们现在所说的信用卡，一般单指贷记卡。

最通俗的说法就是：当您的购物需求超出了您的支付能力，您可以向银行借钱，信用卡就是银行根据您的诚信状况答应借钱给您的凭证，您的信用卡将提示您，您可以借银行多少钱、什么时候还。信用卡也将记录您的个人资料和消费明细，以便为您提供全方位理财服务。

在外形上，信用卡大小如同身份证，一般用特殊的塑料制成，正面上印有特别设计的图案、发卡机构的名称及标志，并有用凸字或平面方式印制的卡号、持有者的姓名、有效期限等信息；卡片背面则有用于记录有关信息的磁条、供持卡人签字的签名条及发卡机构的说明等。使用信用卡的好处如下：

1. 不必携带大量现金，避免出门携带大量现金的风险。
2. 拥有“先消费、后付款”的好处。
3. 可利用其循环信用功能，延后部分款项的支付，弹性理财。
4. 对个人信用及身份的肯定。
5. 全球普遍通行的支付工具，当人们需要现金时，可以在全球各地的提款机上使用信用卡提取现金。
6. 理财工具。使用信用卡，可在每月的对账单中得知个人的消费记录，而且每一笔刷卡消费都有签账单可以留存对账，收支清楚明了。

二、POS 终端操作知识

商业电子收银是微电子技术发展及现代化商品流通管理理念和技术发展结合的产物，而商业电子收银机则是现代化、自动化商业管理必不可少的基本电子设备之一。世界上最早的收银机是在 1879 年，由美国的詹敏斯·利迪和约翰·利迪兄弟制造的，其功能只是实现营业记录备忘和监督雇用人的不轨行为。到 20 世纪 80 年代中期，功能强劲的商业专用终端系统（POS）产生，成为第三代收银机，POS 与第一代、第二代收银机的最大区别在于它有直接即时入账的特点，有着很强的网上实时处理能力，POS 将计算机硬件和软件集成，形成一个智能型的，既可独立工作，也可在网络环境下工作的商业工作站。POS 机主要操作如下：

1. 消费

消费指特约商户通过 POS 终端，实时完成客人用卡支付的过程。

（1）适用范围

使用此交易进行银联卡结算。

（2）操作

1）在交易等待状态下刷卡。

2）输入消费金额。

3）请用户输入密码（从密码键盘输入）。

4）交易成功 POS 打印单据，不成功显示错误原因和代码。

（3）注意事项

如果没有密码，按删除键将直接略过密码输入操作。以下有同样交易操作也遵从此说明。

2. 消费撤销

消费撤销指特约商户由于各种原因，对已经通过 POS 联机成功处理的消费交易，于当日当批主动发起取消的过程。

（1）适用范围

当日当批已成功的消费交易。

（2）操作

1）进入“消费撤销”交易。

2）输入主管密码。

3）输入原（流水号）凭证号。

4）刷卡。

5）输入密码（从密码键盘输入）。

6）交易成功后 POS 打印单据，不成功显示错误原因和代码。

（3）注意事项

1）消费撤销交易只能在当日当批次内才能成功，需在同一终端上进行。

2）每笔消费交易只能撤销一次，且不能部分金额撤销。

3）消费撤销交易成功，打印交易凭证，与原消费单据一并妥善保存。

4）如消费撤销交易失败，商户对账确认后，应尽快通过收单机构提交差错处理。

3. 查询余额

操作：

（1）进入“查询余额”交易。

（2）刷卡。

（3）请用户输入密码（从密码键盘输入）。

（4）POS显示卡中金额，查询余额交易成功。

4. 重印交易单据

（1）操作

1）进入“打印交易”交易。

2）选择“重打上笔交易”按确认键。

（2）注意事项

1）补打单据成功，应认真核实成功单据卡号和金额是否与所需补打单据交易卡号和金额相符。

2）请持卡人在交易单据上签名并核实签名。

5. 风险防范

（1）严格核对签名

对于卡片左下方凸印或平印有持卡人汉语拼音姓名的银联卡，卡片背面必须有持卡人预留签名，收银员方可受理；受理时须核对，“卡面拼音姓名”“卡背面预留签名”“刷卡单据签名”三者一致，如以上三者不一致或卡背面没有预留签名，收银员可拒绝受理。

鉴于银行卡的使用权不能转让于他人（配偶、亲戚或朋友），签购单必须由持卡人本人当面亲自签名予以确认。

（2）在交易的过程中，收银员刷卡完毕后不得将卡片立即交还持卡人，应待核对签名完毕后才能将卡片交还持卡人。

（3）如发生卡背面签名及字迹与签购单上签名及字迹明显不符、交易签购单上无持卡人签名等情况，发卡行有权对交易进行拒付，相关损失将由商户承担。

三、信用卡结账服务要求

1. 礼貌要求

客人使用信用卡结账，应该礼貌接受，使用规范的礼貌语言要求客人出示身份证，接受和返回证卡要用双手，支付程序完成后一定要向客人致谢，整个服务过程始终保持微笑、诚信，留给客人结账轻松愉快的感觉。

2. 程序要求

要严格执行信用卡结账程序。查验信用卡要仔细（包括辨别卡的真伪、是否是持卡人、签名与身份证是否相符等），核对持卡人要细心，刷卡输入付款金额要正确，请客人签付单要规范，交还客人的证、单、卡要齐全。

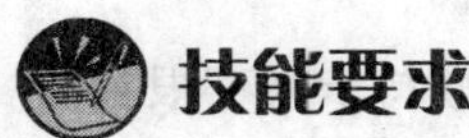

技能要求

餐厅信用卡结账服务

一、操作准备

1. 场地

餐厅

2. 物品

账单、收银簿、POS 机等。

二、操作步骤

步骤 1：确认应收金额并制作账单

确定客人消费金额并制作账单，将账单交给客人过目。

步骤 2：告知消费金额并收取客人信用卡

告知客人消费金额，收取客人信用卡。

步骤 3：检验信用卡、核对持卡人

检验信用卡是否在本餐厅使用范围；卡身有否损坏、磁带有否磨损、是否在有效使用期内、持卡人有无签名、信用卡是否是持卡人本人。

步骤 4：操作 POS 机，信用卡结账、申请授权

操作 POS 机，刷卡成功后，收款员请持卡人在信用卡纸的规定范围内签名，并核对卡纸和信用卡的签名和金额是否相符，如图 4—2 所示。

图 4—2 信用卡结账场景

步骤 5：顾客授权

礼貌请客人在签付单上签字，待核实签字后，把卡纸的第三联持卡人存根和信用卡交回客人。注意核对签付单上的顾客签名与信用卡上的名字和签名是否一致。

步骤 6：结账结束、道谢

将发票交给客人，向客人道谢，并欢迎客人再次光临。

三、注意事项

1. 检查客人信用卡的安全性。

（1）辨别信用卡的真伪，检查信用卡的整体状况是否完整无损，有无任何挖补、涂改的痕迹，检查防伪反光标记的状况，检查信用卡号码是否有改动的痕迹。

（2）检查信用卡的有效日期及适用范围。

（3）检查信用卡号码是否在被取消名单之列。

2. 检查持卡人的消费总额是否超过该信用卡的最高限额，如超过规定限额，应向银行申请授权。

学习单元 3　支票结账

学习目标

➢ 了解转账支票的基本知识

➢ 掌握转账支票结账方法

➢ 能够形成餐厅转账支票结账收银操作技能

知识要求

一、转账支票知识

支票是出票人签发，委托办理支票存款业务的银行或者其他金融机构在见票时无条件支付确定的金额给收款人或持票人的票据。

从以上定义可见，支票是以银行为付款人的即期汇票，可以看做汇票的特例。支票出票人签发的支票金额，不得超出其在付款人处的存款金额。如果存款低于支票金额，银行将拒付。这种支票称为空头支票，出票人要负法律上的责任。

开立支票存款账户和领用支票，必须有可靠的资信，并存入一定的资金。支票可分为现金支票和转账支票。支票一经背书即可流通转让，具有通货作用，成为替代货币发挥流通手段和支付手段职能的信用流通工具。运用支票进行货币结算，可以减少现金的流通量，节约货币流通费用。

一张支票的必要项目包括："支票"字样、无条件支付命令、出票日期及出票地点（未载明出票地点者，出票人名字旁的地点视为出票地）、出票人名称及签字、付款银行名称及地址（未载明付款地点者，付款银行所在地视为付款地点）、付款人、付款金额。支票样张如图 4—3 所示。

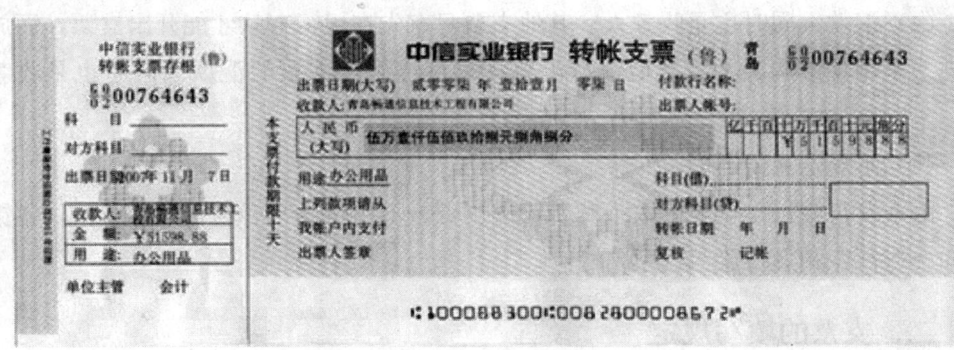
中信实业银行
转帐支票存根
00764643
科 目
对方科目
收款人:
金 额: ￥51598.88
用 途: 办公用品
单位主管 会计

中信实业银行 转帐支票
00764643
出票日期(大写)
付款行名称:
出票人帐号:
人民币
(大写)
伍万壹仟伍佰玖拾捌元捌角捌分
本支票付款期限十天
用途 办公用品
上列款项请从
我帐户内支付
出票人签章
科目(借)
对方科目(贷)
转帐日期 年 月 日
复核 记帐

图 4—3 支票样张

支票有以下几种：

1. 记名支票是在支票的收款人一栏，写明收款人姓名，如"限付某甲"或"指定人"，取款时须由收款人签章，方可支取。

2. 不记名支票，又称空白支票，支票上不记载收款人姓名，只写"付款人"。

取款时持票人无须在支票背后签章，即可支取。此项支票仅凭交付而转让。

3. 划线支票是在支票正面划两道平行线的支票。划线支票与一般支票不同，划线支票非由银行不得领取票款，只能委托银行代收票款入账。使用划线支票的目的是为了在支票遗失或被人冒领时，还有可能通过银行代收的线索追回票款。

4. 保付支票是指为了避免出票人开出空头支票，保证支票提现时付款，支票的收款人或持票人可要求银行对支票“保付”。保付是由付款银行在支票上加盖“保付”戳记，以表明在支票提现时一定付款。支票一经保付，付款责任即由银行承担。出票人、背书人都可免于追索。付款银行对支票保付后，即将票款从出票人的账户转入一个专户，以备付款，所以保付支票提现时，不会退票。

5. 银行支票是由银行签发，并由银行付款的支票，也是银行即期汇票。银行代顾客办理票汇汇款时，可以开立银行支票。

6. 旅行支票是银行或旅行社为旅游者发行的一种固定金额的支付工具，是旅游者从出票机构用现金购买的一种支付手段。和其他支票相比，旅行支票有以下特点：

（1）金额比较小。

（2）没有指定的付款人和付款地点。可在出票银行、旅行社的国外分支机构或代办点取款。

（3）比较安全。旅行者在购买旅行支票和取款时，须履行初签、复签手续，两者相符才能取款。

（4）汇款人同时也是收款人。其他支票只有先在银行存款才能开出支票，而旅行支票是用现金购买的，类似银行汇票，只不过旅行支票的汇款人同时也是收款人。

（5）不规定流通期限。

由于发行旅行支票要收取手续费，占用资金不用付息，有利可图，所以，各银行和旅行社竞相发行旅行支票。

二、支票的填写规定

填写的各种票据和结算凭证是办理支付结算和现金收付的重要依据，直接关系到支付结算的准确、及时和安全。票据和结算凭证是银行、单位和个人凭以记载账务的会计凭证，是记载经济业务和明确经济责任的一种书面证明。因此，填写票据和结算凭证，必须做到标准化、规范化，要素齐全、数字正确、字迹清晰、不错漏、不潦草，防止涂改。

1. 出票日期

数字必须大写，大写数字写法：零、壹、贰、叁、肆、伍、陆、柒、捌、玖、拾。举例：2005 年 8 月 5 日：贰零零伍年捌月零伍日，捌月前零字可写也可不写，伍日前零字必写。2006 年 2 月 13 日：贰零零陆年零贰月壹拾叁日。

（1）壹月贰月前零字必须写，叁月至玖月前零字可写可不写。10 月至 12 月必须写成壹拾月、壹拾壹月、壹拾贰月（前面多写了“零”字也认可，如零壹拾月）。

（2）壹日至玖日前零字必须写，10 日至 19 日必须写成壹拾日及壹拾玖日（前面多写了“零”字也认可，如零壹拾伍日，下同），20 日至 29 日必须写成贰拾日及贰拾玖日，30 日至 31 日必须写成叁拾日及叁拾壹日等。

2. 收款人

（1）现金支票收款人可写为本单位名称，现金支票背面“被背书人”栏内加盖本单位的财务专用章和法人章，之后收款人可凭现金支票直接到开户银行提取现金。（由于有的银行各营业点联网，所以也可到联网营业点取款，具体要看联网覆盖范围而定。）

（2）现金支票收款人可写为收款人个人姓名，此时现金支票背面不盖任何章，收款人在现金支票背面填上身份证号码和发证机关名称，凭身份证和现金支票签字领款。

（3）转账支票收款人应填写为对方单位名称。转账支票背面本单位不盖章。收款单位取得转账支票后，在支票背面背书栏内加盖收款单位财务专用章和法人章，填写好银行进账单后连同该支票交给收款单位的开户银行并委托银行收款。

3. 付款行名称、出票人账号

即为本单位开户银行名称及银行账号，例如：工行高新支行九莲分理处1202027409900088888，账号小写。

4. 人民币（大写）

数字大写写法：零、壹、贰、叁、肆、伍、陆、柒、捌、玖、亿、万、仟、佰、拾。注意：“万”字不带单人旁。举例：

（1）289，546.52，贰拾捌万玖仟伍佰肆拾陆元伍角贰分。

（2）7，560.31，柒仟伍佰陆拾元零叁角壹分，此时“陆拾元零叁角壹分”的“零”字可写可不写。

（3）532.00，伍佰叁拾贰元正，“正”写为“整”字也可以，不能写为“零角零分”。

（4）425.03，肆佰贰拾伍元零叁分。

（5）325.20，叁佰贰拾伍元贰角。角字后面可加“正”字，但不能写“零分”，比较特殊。

5. 人民币小写

最高金额的前一位空白格应书写人民币符号“¥”，数字填写要求完整清楚。

6. 用途

（1）现金支票有一定限制，一般填写“备用金”“差旅费”“工资”“劳务费”等。

（2）转账支票没有具体规定，可填写如“货款”“代理费”等。

7. 盖章

支票正面盖财务专用章和法人章，缺一不可，印泥为红色，印章必须清晰，如模糊只能将本张支票作废，换一张重新填写重新盖章。反面盖章与否见“2. 收款人”。

8. 常识

（1）支票正面不能有涂改痕迹，否则本张支票作废。

（2）受票人如果发现支票填写不全，可以补记，但不能涂改。

（3）支票的有效期为10天，日期首尾算一天。节假日顺延。

（4）支票见票即付，不记名。

丢了支票尤其是现金支票就相当于票面金额数目的钱丢失，银行不承担责任。现金支票一般要素填写齐全，假如支票未被冒领，在开户银行挂失；转账支票假如支票要素填写齐全，在开户银行挂失，假如要素填写不齐，到票据交换中心挂失。

（5）出票单位现金支票背面有印章盖模糊了，可把模糊印章打叉，重新再盖一次。

（6）收款单位转账支票背面印章盖模糊了（按票据法规定是不能以重新盖章方法来补救的），收款单位可带转账支票及银行进账单到出票单位的开户银行去办理收款手续（不用付手续费），俗称“倒打”，这样就用不着到出票单位重新开支票了。背书注意收款人名称和背书章的名称要一致。

（7）容易出现的错误：日期填写错误、收款单位与背书单位印鉴不符。

三、转账支票结账要求

如果客人用支票结算，则要注意以下几点：

1. 查支票的真伪。注意辨别那些银行已发出通知停止使用的旧版转账支票。

2. 查支票是否过期，金额是否超过限额。

3. 查支票上的印鉴是否清楚完整。

4. 支票背面应请客人留下联系电话和地址，并请客人签名，如有怀疑请及时与出票单位联系核实，必要时请当班主管人员解决。

技能要求

餐厅支票结账服务

一、操作准备

1. 场地

餐厅

2. 物品

练习用转账支票、账单、收银簿等。

二、操作步骤

步骤 1：确认应收金额并制作账单

确定客人消费金额并制作账单，将账单交给客人过目。

步骤 2：告知消费金额并收取转账支票

告知客人消费金额，收取转账支票，礼貌请客人提供正版身份证，书写公司地址、公司电话号码、持票人联系手机号码。

步骤 3：检验转账支票并获取信用信息

确认支票受理范围，认真检查支票的如下问题：支票有否皱或破损；账号是否清晰；财务印鉴和公司名称印鉴或签名是否清晰；支票日期是否有效，由开票日期起 10 天内有效，如节假日则顺延；留意支票限额。

步骤 4：填写转账支票和盖印章

必须使用黑色签字笔，填写金额后交客人过目。

步骤 5：返回回联和发票

待客人确认无误后，返回回联和发票。

步骤 6：结账结束、道谢

向客人道谢，并欢迎客人再次光临。

三、注意事项

1. 注意结账时间：服务员一般不要催促客人结账，结账应由宾客主动提出，以免造成赶宾客离开的印象。

2. 注意结账对象：在散客结账时，应分清由谁付款，如果搞错了收款对象容易造成客人对饭店的不满。

3. 注意服务态度：结账时最易出现客人对账单有疑问的情况，这时服务员一定要态度良好，认真核对，认真解释，不要与客人发生冲突，要讲究策略。

4. 结账时容易出现跑账和跑单的情况，一定要避免出现。

5. 结账后仍应满足客人的一般要求，并继续为其热情服务。

第2节 餐具、酒具保洁

学习单元1 清洁餐具、酒具

学习目标

➢通过本单元学习，了解常见清洁剂及使用方法，掌握对不同质地餐具、酒具的清洁方法和一般餐具、酒具的消毒技能

知识要求

餐后保洁离不开洗涤剂，洗涤剂根据不同的性质、用途可以分为十几大类，而每一类中又有若干种。据不完全统计，目前仅餐饮业中使用的洗涤剂就有几十种之多，而市场上销售的洗涤剂多达百余种。在如此众多的洗涤剂中，不同性质的洗涤剂其洗涤作用是有区别的。只有选用与洗涤物或洗涤性质相吻合的洗涤剂，才能达到最好的洗涤效果。

一、洗涤剂的分类

1. 根据溶液的酸碱度分类

洗涤剂依据使用时溶液所呈现的酸碱度（即 pH 值）可分为中性洗涤剂、酸性洗涤剂、碱性洗涤剂等。如果根据洗涤剂的性质则可分为无机洗涤剂、界面活性剂、特殊洗涤剂等种类。

中性洗涤剂：主要用于洗涤衣物、菜品容器及原料。酸性洗涤剂主要用于器皿、设备的表面或锅炉中污垢、沉淀物的洗涤。碱性洗涤剂主要用来洗涤中性洗涤剂不能除去的污物，如蛋白、油垢等。

2. 根据洗涤剂功能分类

根据洗涤剂使用时的功能，一般可分清洁剂、消毒剂及复合型洗涤剂。

（1）清洁剂指在洗涤过程中只有去污洗脏功能的洗涤剂。由于污垢的种类繁多，特性不一，加之黏附在不同物质的表面，所以就必须选用不同种类和性质的清洁剂，才能起到较好的洗涤效果。如地面清洁剂、家具清洁剂、厕所清洁剂等。

（2）消毒剂实际上是指运用化学方法消毒时使用的化学消毒药品。目前主要的消毒剂有氯及氯化物、碘及碘化物、界面活性剂与其他消毒剂（如高锰酸钾、酒精、过氧化氢、硼酸、臭氧等）。

（3）复合型洗涤剂。是指具有清洁与消毒双重功效的洗涤剂，不仅能清除物体、食品原料表面上的污垢，而且还具有消毒杀菌作用。

二、洗涤剂的选用

目前，市面上出售的清洁剂的种类很多，但究竟哪一种洗涤剂的效果最好呢？这是选择清洁剂时的一个难题。

1. 清洁剂的特性

一般的清洁剂都具有下面的一些特性：

（1）溶解作用。溶解就是将固体或液体分散于另一种液体之中。根据某些液体对某些固体或液体的溶解性，可达到除去污垢的作用。例如水可溶解淀粉渍等。

（2）化学作用。利用某些化学剂与某些污垢的化学反应，使污垢变成无色状态物质或可溶性物质，再利用溶解作用除去污渍。例如用酸中和坐便器内的碱性污垢。

（3）乳化作用。利用表面活性清洁剂的浸润、渗透、分散、乳化等作用，可使某些不溶性污渍变成亲水性污渍，乳化分离。

（4）分解作用。利用某种物质对另一种物质的特殊的分解作用，使之变成容易去掉的物质，以达到去污的效果。例如利用碱性蛋白酶可分解牛奶、血、汗液中的蛋白质，使其成为可溶于水的氨基酸。

2. 理想清洁剂的标准

虽然清洁剂有单一特性的，也有将以上的几种特性综合在一种清洁剂中的，其目的都是为了达到最好的洗涤效果。一般说来，较理想的清洁剂应具备以下的标准：

（1）湿润性。可以使污物附着的表面张力降低，使水容易渗透。

（2）乳化性。能使油脂乳化。

（3）溶解性。能够溶解蛋白质等。

（4）分散性。能使污物均匀地分布在清洗液中。

（5）脱胶性。使污物不会凝集。

（6）软化性。能使硬水得到软化。

（7）缓冲性。能保持清洗液呈中性状态。

（8）洗涤性。易于最后漂洗。

（9）无刺激性。不会刺激人的皮肤。

（10）安全无毒。不会危害人体。

一般来说，工厂里生产的洗涤剂几乎没有一种完全符合以上的条件。因此，要学会根据具体的洗涤需要选择和调配洗涤剂。

3. 选择清洁剂的要素

（1）去污力。去污力是清洁剂的最重要的质量指标，直接影响清洁剂的功效。去污力不但与清洁剂表面活性剂的种类、含量有关，而且也与选用的多种助剂及整体配方有关。因此，选用时应详细了解其配方组成。为了更有把握，最好的方法就是先试用，待功效被认可后再选用。

（2）pH 值。基质及污垢对 pH 值有不同的要求。重垢在 pH 高值下才能有效，而轻垢则适合在低 pH 值下使用。问题在于 pH 值较低时，则又会对某些基质造成腐蚀，所以选择 PH 值适当的清洁剂是非常重要的。对于液体清洁剂可使用 pH 值试纸测试（产品的 pH 值在储存过程中有可能发生变化）。

（3）泡沫

泡沫包括起泡力和稳泡力两个方面。在清洁物体的过程中，既要求清洁剂能够有良好的起泡力，可产生丰富细腻的泡沫，也要求有良好的泡沫稳定性，就是能够在较长的时间内不消泡。对于清洁剂的这一要素只能通过试用来加以鉴定。

（4）漂洗性

一般的清洁剂在完成了其特定的功能后，应能够很容易被完全冲离基质表面。好的产品应有较好的漂洗性，无论是从节约能源还是从提高功效来看，都应作为选购时的标准之一。

(5) 黏度

从清洁剂的整体效能来看，黏度是产品的浓度的特征之一，从使用效果来看，黏度是产品流动性的物理指标。液体清洁剂对成品的黏度都有一定的要求。一般产品的黏度与有效物质成分的多少成正比，但也有些产品黏度依赖于增稠剂的作用。

(6) 污染

使用清洁剂所造成的污染，已被越来越多的人所关注。因此，越来越多的酒店、餐厅都在通过减少不必要的洗涤来减少污染，即使在必须洗涤的过程中，也倾向于选择非污染型的清洁剂。如烷基糖苷就是20世纪末开发的一种新型表面活性剂，无毒、无刺激，生物降解性好，去污性能也极佳。这类环保型清洁剂是饭店、酒店、餐厅的首选清洁剂。一般来说，选购清洁剂时，生物降解度不能低于90%。

(7) 感观

对清洁剂的色泽、纯度、气味等，应仔细观察，一些混浊或有不良气味的清洁剂多为劣质产品或是过期产品，不能选用。

(8) 包装

清洁剂的包装，也是判断质量优劣的标志，一般的包装容器多为硬塑料盒(桶)或金属罐，并且应有符合国家规定的外包装印刷内容，如产品名称、产品标记、商标图案、净含量、制造商名称、详细产地地址、使用说明、产品主要成分、生产日期、保质期及运输储存要求等。

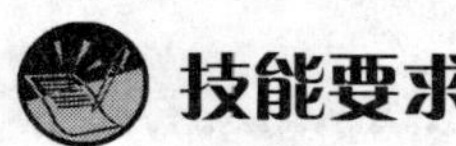

技能要求

清洁餐酒具

一、操作准备

1. 场地

洗涤间

2. 物品

清洁剂、清洁用容器、冷热水等。

二、操作步骤

步骤1：去除污物

刮掉沾在餐酒具表面上的大部分食物残渣、污垢。在去残渣、污垢时使用软质地的工具，切不可以使用金属丝球、刀等工具刮，以免损坏餐酒具表面，影响美观和使用寿命，对已经风干的残渣、污垢可以先浸泡再去除。

步骤 2：使用温水浸泡

浸泡的目的是使餐、酒具的污物膨胀，便于清洁。应根据待清洁餐具的具体情况确定，一般情况下，油腻重的餐具应使用温度偏高的水浸泡，附着污物较多的餐、酒具浸泡时间应长一些。

步骤 3：洗洁剂清洗

浸泡后的餐酒具在加清洁剂的水中使用抹布逐一清洗，彻底去除污物。

步骤 4：清水漂洗

使用清水漂洗，去除残留在餐酒具表面的清洁剂。

步骤 5：滤干水分

采取倒置等方法，滤干餐酒具上的水分，并把清洁干净的餐酒具放置在专用的周转箱中，准备消毒。

三、注意事项

1. 餐酒具要及时清洗，以免风干等因素影响，增加清洁难度。
2. 洗涤过程中要注意防止损坏餐具。
3. 要使用正确的去污物方法，防止缩短餐酒具的使用寿命。

学习单元 2　餐具和酒具消毒

学习目标

- 了解消毒剂种类和配比相关知识
- 掌握不同质地餐酒具的消毒方法
- 能够形成餐酒具消毒操作技能

知识要求

一、消毒和灭菌方法

餐酒具消毒是指一切将微生物杀死或使其减少的过程。因此，经过消毒处理后，仍然会有非病原菌存在。所谓杀菌，又叫灭菌，是指把所有的细菌完全杀死的过程，使之成为完全的无菌状态。杀菌是控制微生物活动，有效地减少微生物数量的方法。一般来说，消毒和杀菌的方法可分为物理方法和化学方法，物理杀菌法是以热传导为主的方法，化学消毒法是以药物处理为主的方法。

1. 物理方法

物理消毒的方法主要是以加热的形式，有水煮、蒸汽、紫外线、微波、干热等。

（1）水煮加热消毒法。水煮加热是餐饮业使用最早、运用最广泛、最经济有效的消毒方法，特点是消毒效果显著、简便易行、成本低廉。它适用于小型烹饪器具、容器、餐具等。

（2）高压蒸汽消毒法。高压蒸汽消毒法也是餐饮业中最常见的方法之一，如用蒸箱（常压）、高压锅（高压）等。适用于小型烹调器具、餐具，以及厨房、食品加工厂的管道清洗消毒等。

（3）紫外线消毒法。紫外线消毒法是近十几年来使用比较广泛的消毒方法之一。它是在加工场所安装紫外线灯或用可移动式紫外线灯定期开灯照射灭菌的方法。它适合于所有设备、工具及食品、厨房生产场所的消毒之用，尤其是那些不适合用加热消毒的食品菜系，如冷菜、冷饮等食品的消毒处理。

（4）日晒消毒法。也称为阳光消毒法，是将需要消毒的物品或食品暴晒于直射的阳光下，进行一定时间的日晒，消灭有害菌类的过程。这是一种最为经济、简便而且有效的消毒方法之一。日光消毒法主要是利用太阳光中的紫外线照射来达到消毒的目的，一般病原体在阳光下暴晒 6～8 h 就可死亡。

（5）高压消毒法。高压消毒法是利用压力设备进行的一种消毒方法，餐饮业中主要使用压力锅消毒。压力锅消毒实际上是利用高温高压的双重灭菌方式。

（6）微波消毒法。微波消毒法是利用微波炉微波加热的原理进行的，适合于小型不易燃烧的烹饪器具、餐具、湿香巾、湿抹布等，只要把被消毒的器具或物品放入微波炉内，把微波炉调温器调在高火力位，使被加热的物品内部的分子以同样的频率高速振动，发生相互碰撞、挤压、摩擦而产生热量，从而实现对物品的加热、消毒、灭菌。

(7) 干热消毒法。干热消毒法是利用110℃以上的热风，在密闭的设备内对餐饮具或小型的烹调器具加热消毒。

(8) 红外线辐照消毒法。利用红外线灯产生高强度的红外线，直接照射食品或用品，收到杀灭微生物的效果。

2. 化学消毒法

化学消毒法是利用各种各样的化学药品的作用，抑制或杀灭微生物，从而达到消毒的效果。常用的化学药品种类较多，按用途可分为消毒剂、清洁剂、防腐剂等，按化学成分可分为氯及氯化物、碘及碘化物、界面活性剂等。

(1) 氯及氯化物消毒。主要用于菜品原料烹调设备以及各种器具表面的消毒，使用方法是将消毒液稀释到适当的浓度浸渍或喷洒，这种消毒方法效果显著，但有一定的残留，尤其是气味的残留更为明显。

(2) 碘及碘化物消毒。主要用于烹调机械，工作人员的皮肤、双手等的消毒杀菌，使用方法是将消毒液稀释到适当的浓度对消毒物品进行浸渍或喷洒，这种方法具有较强的杀菌力，对人的皮肤无腐蚀性及刺激性。

(3) 界面活性剂消毒。主要用于工作人员的手指、工具及室内环境的消毒等，使用时，根据具体的需要将消毒液稀释成适当的浓度，然后作用于消毒目标物。界面活性剂消毒在一般的浓度下，无毒性、无异味，具有很强的杀菌或抑制细菌活动的效力，对人的皮肤无腐蚀性与刺激性，但有一定的残留。

二、消毒剂

消毒剂是指用于杀灭传播媒介上病原微生物，达到无害化要求的制剂，它不同于抗生素，在防病中的主要作用是将病原微生物消灭于人体之外，切断传染病的传播途径，达到控制传染病的目的。人们常称它们为“化学消毒剂”。按照其作用的程度可分为灭菌剂、高效消毒剂、中效消毒剂、低效消毒剂。

1. 灭菌剂

可杀灭一切微生物，达到灭菌要求的制剂。包括甲醛、戊二醛、环氧乙烷、过氧乙酸、过氧化氢、二氧化氯等。

2. 高效消毒剂

指可杀灭一切细菌繁殖体（包括分枝杆菌）、病毒、真菌及其孢子等，对细菌芽胞也有一定杀灭作用，达到高水平消毒要求的制剂。包括含氯消毒剂、臭氧、甲基乙内酰脲类化合物、双链季铵盐等。

3. 中效消毒剂

指仅可杀灭分枝杆菌、真菌、病毒及细菌繁殖体等微生物，达到消毒要求的制剂。包括含碘消毒剂、醇类消毒剂、酚类消毒剂等。

4. 低效消毒剂

指仅可杀灭细菌繁殖体和亲酯病毒，达到消毒剂要求的制剂。包括苯扎溴铵等季铵盐类消毒剂、氯己定（洗必泰）等二胍类消毒剂，汞、银、铜等金属离子类消毒剂及中草药消毒剂。

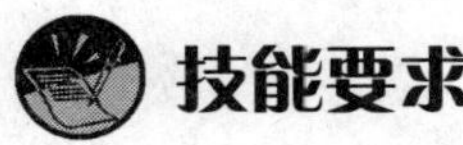

技能要求

餐酒具消毒

一、操作准备

1. 场地

洗涤间

2. 物品

消毒液、消毒用容器等。

二、操作步骤

技能 1　筷子的消毒

方法一：筷子洗涤干净后，放入筷子消毒机中，利用微电子技术为筷子烘干、杀菌。

方法二：筷子洗涤干净后，放入专用筷子蒸箱中，利用蒸汽杀菌并晾干。

技能 2　瓷器餐酒具的消毒

（1）将洗涤好的餐具放入消毒柜内消毒，温度保持 100℃，消毒时间不得少于 15 min。

（2）对因特殊情况或不宜消毒柜消毒的餐具可在洗净后用化学药物消毒（程序：除残渣→热碱水浸泡洗刷→药物消毒→清水冲洗）。

（3）经消毒的用具统一放在专门的存放架上，摆放时底应朝上，口应朝下，摆放要整齐，避免与其他杂物混放，防止用具重复污染，并对存放架定期清洗和消毒。

技能 3　玻璃餐酒具的消毒

一般使用蒸汽消毒法。将洗净的玻璃餐酒具直接放入蒸汽箱内，餐具酒具口朝下，蒸汽温度不低于 95℃，消毒时间不少于 15 min。

三、注意事项

1. 当天收回的已用餐具当天清洗消毒，不隔天隔夜。
2. 餐具消毒应按物理或化学消毒的各自顺序操作。
3. 水不开、蒸汽温度不够、消毒剂浓度不够时不能消毒。
4. 消毒后的餐具放置在保洁柜内，防止再污染。

思　考　题

1. 餐饮业收银服务有哪些特点？
2. 餐饮业收银时要注意哪些基本细节？
3. 收银时收到假钞应如何处理？
4. 如何防范 POS 终端收银的风险？
5. 支票填写的规定。
6. 清洁剂应具有什么特性？
7. 餐酒具消毒的方法有哪些？